三橋貴明
Mitsuhashi Takaaki

世界同時非常事態宣言

トランプ以後の激変が始まった！

渡邉哲也
Watanabe Tetsuya

まえがき——トランプ以後の世界を読み解くために

二〇一七年二月二八日（日本時間三月一日）、トランプ大統領は就任後初めての議会演説を行った。

アメリカの大統領制度においては議会と大統領は切り離されており、日本の総理大臣のように議会に頻繁に出席することはない。大統領が議会に出てくるのは、この議会演説のみとなる。

その中でトランプは、これまで実行すると公約してきた移民対策、オバマケアの廃止などを強く訴え、同時に軍事費の拡大と、一兆ドル（約一一三兆円）規模のインフラ再整備などを「新しい国家のプライド」というキーワードを多用しながら訴えている。

少し長くなるが、重要な箇所を抜粋しよう。

「（前略）私が大統領に就任して一カ月と少々ですが、この機会に、私の公約の進み具合を報告したいと思います。

私の当選後、フォード、フィアット・クライスラー、ゼネラル・モーターズ、スプリント、ソフトバンク、ロッキード、インテル、ウォルマートなどが、米国に数十億ドルの投資をして数万人の新たな米国人の雇用を創出すると発表しました。株式市場の時価総額は一一月八日の大統領選以降、三兆ドル近く増えました。一つの記録であります。素晴らしい戦闘機F35を値下げさせ、納税者には数億ドルの節約になりました。さらに政府全体の契約について数十億ドルを節減します。さらに、軍に関係せず、かつ重要度の低い連邦職員の採用は凍結しました。

私たちは政府の職員に対し、ロビー活動を五年間禁じることにより、また、外国政府のロビイストになるのを一生禁じることによって、政府の腐敗の温床を除去し始めました。

私たちは、雇用をつぶすような規制を大きく減らす歴史的な努力に着手しました。すべての政府機関内に規制緩和に取り組むタスクフォースを設け、新たな規制一つにつき、二つの古い規制を撤廃しなければならない、という新たなルールを課したのです。そして、偉大な炭鉱労働者たちの未来と暮らしを脅かしてきた規制をやめさせるつもりです。

私たちはキーストーンとダコタ・アクセスのパイプライン建設に道を開きました。それは何万もの雇用を創出します。そして私は新たなパイプラインは米国製の鉄によって造られるという新たな大統領令を出しました。

私たちは職を奪う環太平洋経済連携協定（TPP）から米国を撤退させました。（中略）

きちんとした調査が実施できない場所からの制限されない入国を認めるのは、思いやりとは言えず、無謀なことなのです。米国への入国を許された者たちは、この国を支え、人々とその価値を愛さなければなりません。（中略）

北米自由貿易協定（NAFTA）が承認されてから、製造業の雇用の四分の一以上を失いました。そして中国が二〇〇一年に世界貿易機関（WTO）に加わってから六万の工場を失ったのです。昨年の世界に対する私たちの貿易赤字は八千億ドルに達しました。（中略）

いま、米国企業は世界でもっとも高い水準の税金を負担させられています。私の経済チームは、企業への税率を減らし、どこでもだれとでも競争でき、繁栄できるための歴史的な税制改革に取り組んでいます。それは大きな、大きな（税率）カットです。同時に、中間層に対しても大型の減税をします。私たちは、米国の企業と働き手が、公平な条件で戦える場を整えなければなりません。それをやらなければならないのです。

現在、私たちが米国製品を輸出すると、ほかの多くの国々はとても高い関税や税金を私たちにかけてきます。それなのに、外国企業が彼らの製品を米国に出荷するとき、私たちはほとんどなんの負担も課していません。（中略）

私は自由貿易を強く支持しますが、それは同時に公平な取引でなければいけません。公平な貿易があったのは、ずいぶん前のことです。（中略）

私は何百万もの雇用を取り戻します。労働者を守るということは、移民制度を改革することでもあります。現在の時代遅れの制度が、私たちのもっとも貧しい労働者の賃金を押し下げ、納税者の負担を重くしています。（中略）

能力の低い移民を受け入れている現在の移民制度を転換し、能力本位の制度を導入することで、多くの利益が得られます。数え切れないほどのドルを節約し、労働者の賃金を上げ、移民の家庭を含め、苦しんでいる多くの家庭を中産階級に引き上げることができます。こうした人たちは早くそうなりますし、とてもとても幸せになります。現実的で前向きな移民制度改革は可能だと私は信じています。ただしそのためには、米国人の雇用と賃金を改善すること、安全保障を強くすること、そして法の尊重を取り戻す、といった目標に焦点を絞ることが必要です。

もう一人の共和党の大統領、ドワイト・D・アイゼンハワーは、本当に偉大といえる最後のインフラ事業を立ち上げました。各州を結ぶ高速道路の建設です。今、国家再建のための新しい事業を立ち上げる時が来たのです。

米国はおよそ六兆ドルも中東に使い、その間に米国のインフラはぼろぼろになりました。この六兆ドルがあれば、私たちの国を二度、造り直すことができたでしょう。交渉にたけた人がいたら、三回でも造り直せたかもしれません。

国家再建を始めるために、私は議会に、米国のインフラに官民の資金で一兆ドルの投資を生み、数百万の新規雇用を創出する法案を承認するようお願いします。

こうした取り組みは二つの核となる原則に沿います。米国製品を買うこと、米国人を雇用することです。

今夜、議会には、オバマケア（医療保険制度改革）を撤廃し、その代わりに選択の幅を広げ、保険へのアクセスを増やし、コストを下げ、よりよい医療が受けられる制度改革で置き換えることも求めます。（中略）

私は軍再建の予算を議会に送り、国防費の削減を取りやめ、米国史上で、最大級の国防費増額を求めています。予算では、退役軍人のための費用も増やします。退役軍人はこの国のために職務を遂行してくれました。そして、いま私たちは彼らのために責任を果たさねばなりません。（後略）」（朝日新聞デジタル版より抜粋）

これは、トランプが就任前から述べてきた、いわゆる「トランポノミクス[1]」と呼ばれるさまざまな政策をそのまま推進していくことの表明であるともいえる。

トランプは就任前の段階でさまざまな個別の政策について述べてきており、就任後一週間程度でそのすべてにおいて大統領令への署名を行い、実現してしまった。この実現力は驚くべきものであり、反対勢力にとっては大いなる脅威であったといえるだろう。

同時に、トランプとメディアとの戦闘も激化しており、CNN[2]、ニューヨーク・タイムズ(3)などを名指しする形で「フェイクニュース（偽物のニュース）」と明言し、彼らと戦う意志を強く表明している。

このメディアとの戦いにおいても、CNNやニューヨーク・タイムズなど、いわゆるフェイクニュースと呼ばれるメディアはかなりひずんだ報道を行っており、事実が日本に正しく伝えられていない。日本のメディアは、海外のリベラルメディアをそのまま引用したり、そこから孫引きする形となっており、もともとひずんだ情報がさらにひずんだ状態で日本国民の多くに伝えられている。そのため、トランプを正しく評価することは非常に難しく、日本人の中にも多くの誤解があることも確かなのだろう。

特にメディアとの関係においては、トランプは記者会見からCNNやニューヨーク・タイムズを排除した。この事実ばかりが大きく報じられるが、実はそれには前段階があり、トランプは当初、記者会見場を従来の狭い記者会見場から広い記者会見場に移そうと提案していたのだ。その理由は明確で、既存のいわゆる「ホワイトハウス記者クラブ」が牛耳《ぎゅうじ》る現在のメディアの状況を変革させるために、インターネットやブログメディアなど新しく生まれたメディアを参加させようとしたのだ。

しかし、これに対してホワイトハウスの記者クラブが大反発し、一大ネガティブキャンペーンを行ったわけだ。そのため、トランプは従来の記者会見場で、これまで通り記者会見を行うが、メディアの入れ替えを行うと宣言していた。その中で、CNNやニューヨーク・タイムズがはずされることになったに過ぎない。

今回、CNNやニューヨーク・タイムズがはずされた会見は、一般の会見ではなく録画のない小規模な会見である。そのため、従来の記者会見場を使う記者会見よりも入れるメディアの数が少なく、その選定が完全に既得権益化していた事実があった。たとえばニューヨーク・タイムズとCNNは提携をしており、代表質問を行うのであれば同じ系列にいるメディアは一社が出席すれば十分なのである。多様な見方を可能にするために、リベラル以外の保守系メディアをはじめとした新しいメディアを入れることによって、トランプはむしろ記者会見を開放しようとしていたわけなのである。

これが誤解して伝えられているというのは、日本のメディアの問題でもある。二月一〇日のトランプ・安倍会談においても、その問題が一部持ちだされたともいわれている。

世界中で保守系政治家とリベラルメディアは大きく対立している。本書の中で語られる、さまざまな保守系政治家とメディアの戦いは、一連の動きを見せているといってもよいのだろう。

トランプ以後の世界を、一つの流れとして読み解くためのヒントをこの本で提示できれば幸いである。

渡邉　哲也

【注】

（1）トランポノミクス（trumponomics）とは、ドナルド・トランプ氏の経済政策で、「トランプ（trump）」と「エコノミクス（economics）」を組み合わせた造語。トランプ政権は大型の減税や規制緩和、大型の財政出動などが期待されており、一九八〇年代前半に米国のレーガン大統領が行った経済政策「レーガノミクス」に近いことから「トランポノミクス」と呼ばれるようになりました（「トランプノミクス」とも呼ばれる）。レーガノミクスとの違いは、レーガノミクスが軍事費拡大での内需拡大であったのに対し、トランポノミクスではインフラ投資を拡大して経済を刺激する政策。

（2）ＣＮＮは、アメリカ合衆国のケーブルテレビ向けのニュース専門放送局。正式名称はCable News Network。その中国（China）寄りの姿勢からChina News Networkと揶揄《やゆ》される。

（3）ニューヨーク・タイムズ（The New York Times）は、アメリカ合衆国ニューヨーク州ニューヨーク市に本社を置き、いわゆる高級日刊新聞紙といわれている。日本では朝日新聞と提携しており、東京支局は朝日新聞社東京本社ビル内にある。

世界同時　非常事態宣言

●トランプ以後の激変が始まった！——

目　次

第三章　アベノミクスの本当の目的
――デフレ脱却より為替操作

第四章　ルサンチマンの時代
――何を煽《あお》るかで大衆を操る

第五章　周回遅れのグローバリズム
――一番の問題は〝人の移動の自由化〟

終章 グローバリズムの終わり
――トランプ就任演説は保護主義そのもの

第一章

大地殻変動

――トランプ以後の時代が始まった！

米大統領選を決した白人労働者の不満

渡邉　トランプ当選が伝えられた直後、日経平均は下がりましたが、ニューヨーク市場が戻すにつれて株価は回復していきました。その後は全般的には上昇基調を続けています。

この時の急落については、予定外の結果だったのでポジションの大量清算が行われたというだけであって、結果的に上がった銘柄、下がった銘柄があるだけなんですよ。いわゆる共和党寄りの企業の株価が上がって、民主党寄りの企業の株価が一気に落ちた。たとえば環境銘柄とか、IT銘柄などのグローバル化前提の銘柄、民主党の利権ガッチリの銘柄が一気にストーンと急落した。それだけのことなんですよ。

よく「ユダヤ陰謀論」を唱える人がいます。ユダヤ人が何もかも支配している、と。ところが実際は、アメリカの経済界に影響力を持っているユダヤ人も一枚岩ではなく、大きく分けると二つに分かれている。簡単に言うと、弁護士などのリベラルグループと保守系・共和党寄りのシオニスト（親イスラエル）ロビイグループです。

それぞれのグループにたくさんの企業がついているので、リベラル系のいわば系列企業はトランプ政権誕生で急落した。保守系の企業は上がった。(4) その意味では、銘柄の入れ替えが起こったと言ったほうがいいのかもしれない。

グローバリズムに対する批判というのは、かなり前から言われていて、二〇一六年にはブレグジット＝イギリスのＥＵ離脱決定もありました。今回のトランプの勝利も、その一連の流れであるということが自然でしょう。

三橋　それは、整理して話さなければいけませんね。

グローバリズムというのは、モノ・ヒト・カネの国境を越えた移動の自由化のことです。それを国際協定にするという動きが欧州連合であり、ＮＡＦＴＡ（北米自由貿易協定）(5) であり、そしてＴＰＰ（環太平洋戦略的経済連携協定）だったわけです。アメリカ、カナダ、メキシコという三カ国の自由貿易協定がＮＡＦＴＡです。ＮＡＦＴＡによって、アメリカとメキシコの間に何が起きたのか。実はこれが、日本と中国の関係とそっくりなんですよ。

NAFTAによってモノ・ヒト・カネの移動がアメリカ・メキシコ国境で自由化されました。まずは、アメリカ産の生産性が高い穀物、つまりは非常に安い穀物、特に小麦が大量にメキシコに流入し、メキシコの農家が潰《つぶ》れていったんですね。モノの自由化の結末です。

職を失ったメキシコの農民たちは、仕事を求めて続々と北上してアメリカに流入。今度はヒトの移動の自由化です。

その後に、カネの移動の自由化が続きました。つまり、アメリカからメキシコへの資本の移動です。ミシガン州とかペンシルベニア州といった五大湖周辺の工場が続々とメキシコに移っていった。なぜかというと、もちろん人件費が安いからですよ。当然、アメリカの工場で働いていた労働者は失業する。

というような状況下で、特にアメリカの白人労働者に不満が蓄積していた。そこにトランプが、グローバル化を批判すると同時に、

「私たちの政治家は積極的にグローバル化の政策を追求し、私たちの雇用や富や工場をメキシコと海外に移転させている」

「グローバル化が金融エリートをつくり出し、その寄付によって政治家はものすご

く裕福になった。私もかつてはその一人だった」と、トランプが堂々と言ったということで、それまで民主党が強かった五大湖周辺の州（オハイオ、ペンシルベニア、ウィスコンシン、ミシガン、アイオワ）、そしてフロリダの票がひっくり返ってしまった。

それ以外では、共和党が強い所は共和党が勝ったし、民主党が強い所は民主党が勝った。トランプがすごいなと思うのは、カリフォルニアは一番選挙人が多い、つまり票が多い州ですが、民主党の牙城《がじょう》で絶対勝てない。それが分かっているので、選挙中に一回も行かなかった（笑）。

現実主義の視点から、白人労働者に蓄積している不満を見据えて、リソースを絞って戦ったのがトランプの勝因でしょう。

グローバリズムにNOと言う世界的潮流

三橋　それが日本と中国の関係にも似ている、ということです。一九八九年の六四天安門事件以降、日本から中国に続々と工場が移っていきました。

私は別に、対外直接投資イコール悪なんて言う気はない。世界の需要が旺盛《おうせい》で、日本の製造業をフル稼働しても工場が足りないならば中国にも進出し、そこから輸出する。これは分かる。

けれども、実際には何が起きたかというと、日本の工場を閉めて中国に移して、さらに日本に逆輸入するという。これは最悪、という話なんです。

ポイントは、「日本企業はなぜそんなことをしたのか?」ということ。

先ほどの、メキシコに工場を移したアメリカの企業と同じで、要は人件費が安い所で生産すれば利益が大きくなる。すると株主への配当金が増える……という話もあるんだけれども、それ以上に喜ぶ人たちがいるんですよ。消費者です。生産コストに占める人件費が安くなれば、その分製品の値段も安くなり、安く買うことができる。だから、メキシコに工場を移して、あるいは中国に工場を移して安い製品が逆輸入されてくると、消費者が喜ぶんですね。

つまり、グローバル化によって利益を得るのは、まず株主であり、巨額の報酬をもらう経営者であり、安くモノを買える消費者である。特にわが国はデフレで、みな貧乏になっているところに、中国製の安い製品が入ってきた。たとえばパナソニック製の三〇〇〇円ぐらいのヒゲ剃《そ》りを買うと、実はメイドインチャイナ、ということになった。

　特に二十一世紀に入って以降、日本の対中投資は激増しましたが、同時に対中輸入も増えた。明らかに中国で作った製品が、日本に逆輸入されているわけです。

　それでは、株主が得をして、経営者が得をして、消費者まで得をして、結果的に誰も損していないのか。そんなわけはない。日本の生産者が損をしているわけです。各国の国民、特に先進国の労働者が、です。というわけで、日本では中国からの逆輸入で実質賃金

日本の対中直接投資と対中輸入の推移

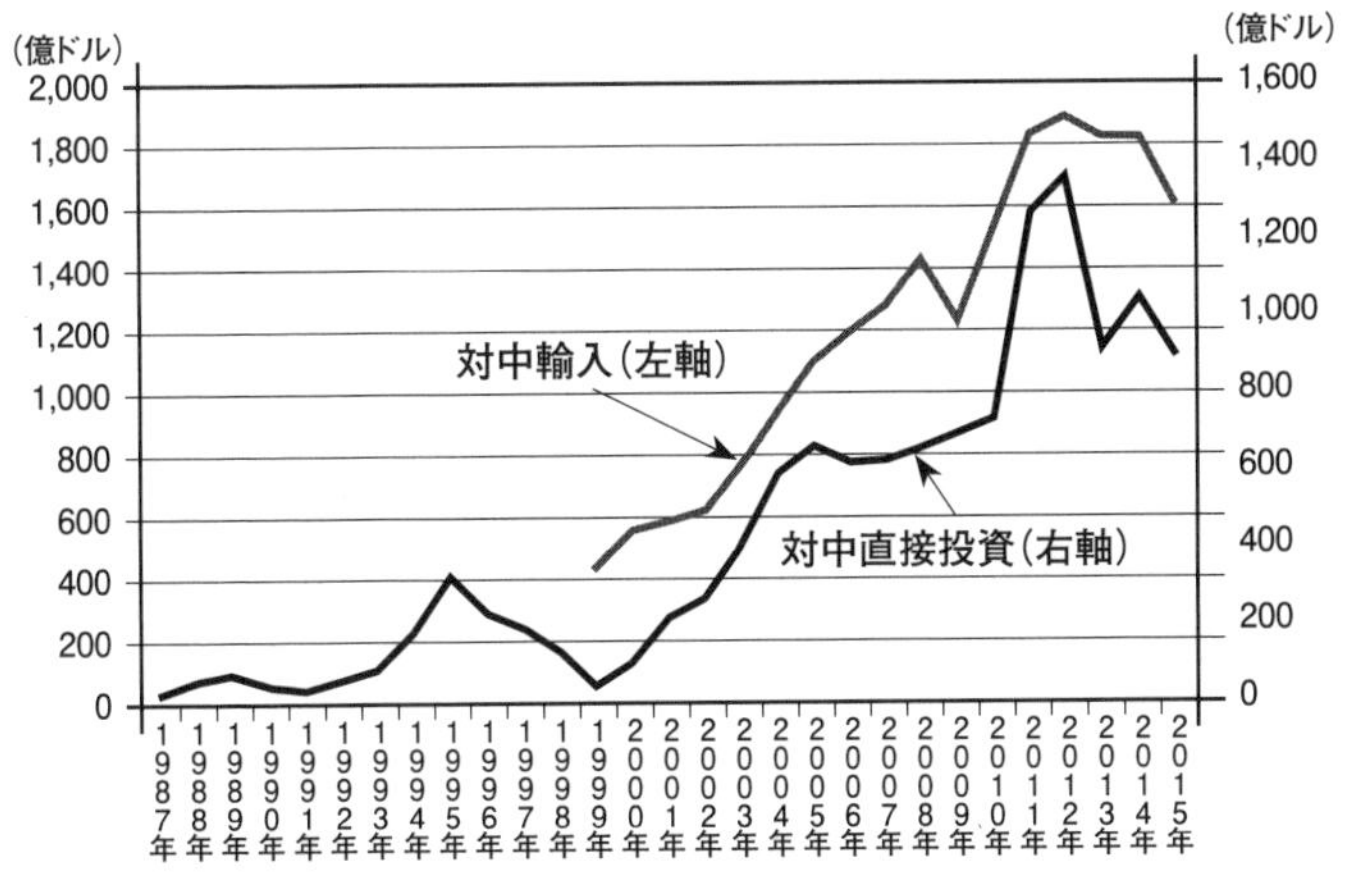

出典：JETROより

の低下に拍車が掛かると同時に、アメリカでは白人労働者層が不満を持っていき、結果的に今回の大統領選の結果に結び付いたんです。

イギリスも同じでしょうね。欧州連合（ＥＵ）という国際協定によって主権が国民にない。変な法律は押し付けられるし、移民は制限できない。もちろん実質賃金は増えない。というような状況でグローバル化にＮＯを突きつけたというのが、ブレグジットです。

渡邉　アメリカの大統領選、ブレグジット、そして日本の状況が重なっているというのがよく分かります。グローバリズムにＮＯと言うのが、世界的な流れになっていると。

三橋　ところが、おもしろいことにマスコミは、反グローバル化の勢力を必ず蔑《さげす》むように叩《たた》くんです。

「あいつらは短期的だ」「非常に頭が悪い連中で」「低学歴の労働者階級だから」ブレグジットが起きたんだ、あるいはトランプが勝ったんだと。散々にひどい批判がされましたが、実際は違うでしょう。反グローバル勢力が、多数派なんですから。

ということで今、同じような動きが各国で起きているんだけれども、日本ではまだ起きていません。ただ、環境は日本もすでに同じということ。

渡邉　イギリスでいうと、二〇一六年一〇月五日にメイ首相が国民向けの演説(6)でグローバリズムの弊害について述べて、国民に寄り添う政策を押し出している。イギリスは明確に方針転換を図っているわけですよね。

アメリカにおいてもトランプ政権の政策内容というのは、中国からの輸入産品に、実際にそれが行われるかどうかは別にして、最大四五％の関税をかけると。そしてアメリカ企業が海外で生産して戻す、先ほど三橋さんがおっしゃられた逆輸入商品に対しては、三五％の国境税をかけると言っているわけですね。そして、内国投資条項で国内における雇用拡大に政策支援をした企業に対しては補助金を付けていく。

これはすでに一部で始まっていて、二〇一六年一二月のソフトバンクの一件がそうなんです。トランプがアップルに対して国内でiPhoneを生産するように求めた。それに対してソフトバンクがファンドを組んで、実際に工場を移転するのは鴻海《ホンハイ》精密工業。その実際の金主はサウジアラビアである。アップル自体は直接工場を持っていませんから、鴻海が工場をアメリカに移すということです。

鴻海では、フォックスボットという産業ロボットを大量に造っていて、すでに中国における六万人の労働者をフォックスボットに差し替えているんですね。工場の立地には人の値段というのが大きな意味を持つわけですが、先進国で製造する以上、効率化を進めて人の値段を下げれば、どこに工場を置いても同じという認識。

三橋 単位労働コストを下げるということですね。

渡邉 そうです。ですから、先進国への工場の回帰というのが、これから始まるでしょう。日本でももうすでに、実は始まっているんです。輸送コストが非常に大きい白物家電などの大きいものからです。

自動車なども大きくて輸送コストがかかるものの典型ですが、最終消費地に近い所に最終組み立て工場を造るという構図になり始めている。中国などを迂回《うかい》した第三国経由の輸出というのは、どんどん減っていく。すでに始まっているこうした流れが、さらに一段と進むと。

もう一つ、日本ではこれまで中国を発展途上国待遇にし、輸入品の関税を優遇する「特恵関税」の対象国としてきましたが、これを「見直す」と財務省が二〇一六年一一月に発表しました。ＥＵやカナダでは同様な処置をすでに実施していましたが、日本でも二〇一九年度までに除外するようです。二〇一五年度に優遇税率が適用された輸入品のうち六割は中国からのものだったのです。政府関係者は「経済が発展しているのに、関税をまける必要があるのか」と指摘していますが、これはもっともなことでしょう。中国は継続を懇願しているようですが。

また、すでにＥＵの欧州委員会は七月に、中国を世界貿易機関（ＷＴＯ）協定上の「市場経済国」と認定しないと決めており、日米の動向も焦点にされています。もし日本が中国を国策で為替レートを動かす「非市場経済国」と認定すれば、反ダンピング関税などさまざまな制裁を科すことができるわけです。

トランプ大統領についていえば、商務長官にウィルバー・ロス[7]という人を据えて経済関係の特別チームをつくらせるということを発表しています。このロス氏は知日派で、日本で勲二等をもらっている人なんですが、なおかつバブル以降に日本に来た「ハゲタカ」の一人なんですよ。この人に中国を中心とした新興国向けの貿易政策を全部取りまとめさせて政策を作ると言っている。そして彼は、中国が主要国の中で「最も保護貿易主義的」と指摘し、米通商代表部（ＵＳＴＲ）などと連携し、中国の高い関税や非関税障壁の削減を目指すとはっきり述べています（二〇一七年一月一八日「ロイター」）。

ＷＴＯが「市場経済国」の認定を見送ったように、ロス氏も中国は当局者が言うようには自由貿易を実践できていないと批判しています。

特に鉄鋼・アルミなどに反ダンピング課税を検討しているようです。しかも手続きを迅速に進めるため、民間企業による訴えに頼ることなく、今後はアメリカ商務省が反ダンピング、反補助金の訴訟を開始する可能性があると。なかでも中国の国有企業を問題視していて、最大三分の一は過去に一度も黒字を計上したことがなく、これが過剰生産能力を招き、鉄鋼・アルミなどのダンピングにつながっていると述べました。

直近ではトランプもまだ中国を「為替操作国」には指定しておりませんが、日本にも科したスーパー三〇一条（米国の「包括通商競争力法：一九八八年新通商法」に盛り込まれた、不公正貿易国とその行為の特定、さらに二国間交渉で妥結を見ない時には米通商代表部が制裁措置を講じるとする条項）をはじめとした反ダンピング課税をどんどん中国に対してかけていく……というのが大きな流れなのでしょう。

安い労働力を求めるのは資本主義ではない！

三橋　今、鴻海の工場の産業ロボットの話が出ましたが、そもそも資本主義には「安い人件費を求める」という発想がないはずなんです。今いる労働者数が前提で、もしも他国の製品が安いというなら、自国の生産性を高めて、労働者一人当たりの製品コストを下げる形の投資を行うことで、経済成長をするのが資本主義なんですよね。

そもそも資本主義の始まりはイギリスの綿製品の生産性向上です。もともと、イギリスは綿製品をインドから輸入していた。インド産に勝とうということで、まずは保護主義をやった。輸入禁止でインド産の綿製品を自国市場から締め出した。その上でさまざまな技術開発や設備投資が行われ、イギリスの単位労働コストが下がっていった。これが産業革命の始まりです。生産性が十分に向上した後は、今度は「自由貿易だ」と言って、安い綿製品をインド市場に流れ込ませた。結果的に、インドの綿産業を潰してしまった。

生産性を高めるためには投資をしなくてはいけないんですよね。技術開発投資と設備投資が必要。その投資がグローバル投資家なり、株主なりにとっては非常に不愉快である。なぜかというと、投資は償却する形で費用化され、利益を圧迫するから。さらに、投資はうまく行くかどうか分からない。つまりリスクがある。あらゆる投資はリスクがありますが、特に技術開発投資は高リスクです。

たとえば、日本で生産性を高めて、単位労働コストを下げ、中国製よりも安いヒゲ剃りや洋服を作ることは論理的に可能です。実際、すでに単位労働コストで、日本は中国より低くなっている。すでに、安い人件費を目当てに中国に投資するメリットはないのです。

ところが、株主はそうは考えないでしょうね。その企業と心中するつもりの株主なら別ですが、世界中のどこに投資してもいいと考えているグローバル投資家で、しかも外国人ということになると、目的は短期の利益に限定されます。投資は短期的な利益を圧迫してしまう。それよりも「今、私たちの配当金を増やせ」、あるいは「自社株買いをしろ」と言う。だから、企業は長期の投資ができなくなっているんです。

この問題については、内閣付本付参与で一般財団法人アライアンス・フォーラム財団の代表理事を務める原丈人氏が「公益資本主義と株主資本主義の対立」と的確に指摘しています。[8] 本来、資本主義社会における会社（企業）は、地球（環境）、地域社会、顧客、仕入れ先、従業員、経営者、そして株主というステークホルダーの間でバランスをとらなければならない。企業がいわゆる「マルチ・ステークホルダー」を持つという考え方こそが、「公益資本主義」である、と。

それがあまりにも株主に偏り過ぎていることを問題視するのです。「株主資本主義」においては、株式会社は「株主」のものであり、同時に株主利益を最大化することで、経営陣にも厚く利益配分が実施される仕組みになっています（ストックオプションが報酬に組み込まれるため）。その結果、従業員や顧客、仕入れ先、地域社会、地球環境は置き去りにされ、会社の利益を最大化するための「手段」に過ぎないと見なされてしまうのです。

短期の利益ばかりを求め、投資をしなかったら、人類の進化は止まると思います。実際にそれが起きている。特に日本は悲惨の極みで、一九九六年から九八年の橋本龍太郎政権の時に年間一四〇兆円だった投資（設備投資、住宅投資、公共投資を合わせたもの）が、一〇〇兆円を切った。投資が年ベースで四〇兆円減っていて、成長できるはずがないでしょう。

ただ、投資が減った理由には大きく分けて二つあります。一つ目は今言ったように、株主資本主義というのが蔓延《まんえん》してしまったから、企業が長期的な視野に立って投資することができないと。

二つ目は、財政均衡主義による公共投資の削減ですね。この二つが大きかった。

投資とは何か、あらためて考えてみると、これは未来に対する利益の分配なんです。利益はまずは人件費として従業員に分配され、税金として地方自治体や国家に分配され、配当金として株主に行く。そして、投資として未来に分配されると。ところがグローバリズムの名の下で、未来に対する分配を減らし、ついでに人件費も削り労働分配率を下げ、政府の取り分である法人税も引き下げ、株主の利益だけを最大化するという形のグローバル株主資本主義が蔓延してしまった。その結果が今です。企業の成長、企業の競争力の強化ということだけを考えても、今の状況はまずいと思います。

なぜバカげた「クールジャパン」がまかり通るのか

渡邉　基本的な問題点は、なぜ日本において、そしてアメリカにおいて、そのような株主資本主義が蔓延していったかということ。やっぱりアメリカ型の会計制度、時価評価会計(9)というものが根底にある。それと決算の短期化ですよね。

三橋　そうですね。四半期決算です。

渡邉　もともと、年間決算だったものが半期決算になり、リーマンショックが起きた二〇〇八年以降に、四半期決算になりました。四半期、つまり三カ月に一回決算報告書を提出しなければならなくなり、そのたびに利益を出し、前期を上回る結果を出さないと企業経営者のクビが飛びかねないという状況です。

さらに、アメリカ型のグローバリズムの下では、企業の経営者はヘッドハンティングでコロコロ替わることに加え、会社自体が売買の対象となっているため、経営者は自分の在任中にどれだけ利益を上げて投資を回収するかなど、M＆Aをいかに有利に進めるかといったことばかり考えるようになりました。

また、企業に融資する銀行にしても、企業の四半期決算の業績ばかり見るようになり、銀行が顧客先の事業の中長期的な成長性や収益性を評価して融資を行うケースが大きく減っています。つまり、日本にいわゆるバンカーがいない状況なんですね。もちろん、民間企業の営利事業に国が過度に関与すべきではありませんが、もう少し中長期的な視点に戻すために、国が指導していく必要はあると思います。

加えて、行き過ぎた「時価会計」の問題もあります。時価会計にはプラスとマイナス両面がある。たとえば時価会計の下では、保有資産の時価が取得金額（簿価）を上回れば評価益が出て、逆に資産の時価が簿価を下回れば評価損が出ます。そのため企業はバランスシートに影響を与えるような大きな資産を持つことを避けるようになるのです。

ついでに言うと、会計制度上の問題として、企業のいわゆる「内部留保」が挙げられます。内部留保とは、「へそくり」のようにすべて現金で持っているわけではありません。たとえば、生産設備も内部留保に含まれ、「純資産」として計上されるため、生産設備に対する課税が企業の負担になっている。こうしたことを含めて会計制度を変えていく必要があります。

その一方で、国側も改革路線に邁進《まいしん》し、民主党への政権交代によって五カ年計画、一〇カ年計画という、国全体の長期予算計画もなくなってしまいました。

官僚制度は「わが国の未来をどうするか」という長期ビジョンがあることによって動くのですが、それがないとどうしても目先のことばかりになってしまう。これは「一般会計」と「特別会計」の違いを正しく伝えてこなかった小泉改革の弊害なのです。

日本国憲法で義務付けられているのは、すべて単年度予算です。単年度で物事を決めなければならないため、長期ビジョンに関わる計画が作れなかった。だからこそかつて特別会計という別腹予算が設けられ、それを貯金箱にして五年、一〇年という長期計画が作られていたのです。

同時に決まった期間で終わる事業に関しては、基金化する使い捨ての貯金箱も用意されていました。この特別会計の良い部分と悪い部分を全部ごちゃまぜにして、特別会計＝無駄遣いと、すっかり世論が誘導されてしまったのです。

特別会計がないと長期計画が作れないという本質的な問題を、私は何度か自著で書いていますが、おそらく大半の国民が知らないし、学校でも教えていないでしょう。

後は、やっぱり日本の弱さというのは、戦争というものを単純に否定してしまっているところにあると思います。戦争は現象であって、国と国とが対立した時、否が応でも発生してしまうことがある。これをなきものとして考えるのは間違いなのです。戦争を肯定はしないが、戦争というのは良くも悪くも一番の経済発展要素でもあるのですよ。戦時が想定されて、戦時において必要な武器や技術で革新が起こるんです。それが民生化されて民間技術の発展も起こる。たとえば無人航空機ドローンなんかがその典型ですよね。

日本の場合、戦争のための技術開発を許さないという前提があったものですから、どうしても国として根幹となる技術開発の支援が非常に難しかったわけです。

安倍政権は成長戦略の一環として武器輸出三原則等の見直し(10)を二〇一四年四月に行いました。これは、決して悪いことではないと思うのです。

よく、政府がやるべきことと民間がやるべきことを混同して語り、すべて政権・政府のせいにする人がいるのですが、それは私は間違っていると考えるのです。

日本は資本主義の国であり、計画経済の国家ではありません。民間がやるべきことは民間がやるべきであり、政府が民間のやるべきことにまで介入するのはある意味、間違いであるともいえるわけです。それを求める民間企業側も間違っているといえるでしょう。国がやるべきことというのはインフラ整備であり、企業単独ではできない海外への輸出・輸入への支援など、限られたことであると思うのです。現在、国がやるべきことと民間がやるべきことが一本化され、語られている。これこそが大きな間違いなのでしょう。

そして、今やっていることはというと……クールジャパンですよ。単なる民間で金儲《かねもう》けしているラーメン店に補助金を出したり、アニメ産業を支援したり、バカげています。それが国策として、将来的に国家の発展に資するかどうか？　国民の安全を守る上で役立つのかと。

この根底を問わないから、民間企業で儲けている所、あるいは政治家とつながりのある企業に「金を出すよ」という話になる。さらには、カジノをやったことがない人間がカジノを作ろうなどとわけの分からないことを言い出す。

別にカジノをやりたければやればいいのですが、国会にいる先生方でカジノの仕組みを知っている人が何人いるんですか。いないのに議論なんかできるわけがないじゃないですか。もうお亡くなりになりましたが、せめてハマコー（浜田幸一）さん[11]にレクチャーを受けてからじゃないとできないですよ。机上の空論しかできない人たちが成長戦略を語っている、という状況です。

【注】

（4）ＪＰモルガン・チェースとかのいわゆる保守系の株である金融株は大きく上昇したが、リベラル系ともいえるＩＴ関連の株価は下がった。特にApple は、中国で製品を組み立てるので、中国からの製品に大きな関税をかけようとするトランプ大統領の政策によって、値を下げた。

（5）北米自由貿易協定（North American Free Trade Agreement、ＮＡＦＴＡ）は、アメリカ合衆国、カナダ、メキシコの北アメリカ三カ国による貿易圏を生み出した自由貿易協定である。ＮＡＦＴＡの目標は、アメリカ、カナダとメキシコ間で貿易と投資を行う際の障壁をなくすこと。ＮＡＦＴＡの発効は一九九四年一月一日で、メキシコからアメリカへの輸出の半分以上とアメリカからメキシコへの輸出の三分の一以上の品目の関税が即時に撤廃された。協定の発効から一〇年以内に、アメリカからメキシコへの輸出の農産物の一部（一五年以内に段階的に撤廃することになっていた）を除く、アメリカとメキシコのすべての関税は撤廃された。アメリカとカナダの間の貿易はすでにほとんどの関税が撤廃されていた。

（6）メイ首相は、ブレグジット（イギリスのEU離脱）という「静かな革命」を経て、イギリスは変わらなくてはならないと演説。「このチャンスを生かしましょう」と呼びかけた。欧州連合（EU）離脱を決めた国民投票は「国を決定的に変更する一世一代のチャンス」だったと評価。多くのイギリス国民がEUを拒絶したのは、イギリスに影響する政策や法律の決定にイギリスがもっと決定権を持ちたいからというほかに、労働者が「特権と権力のある人々」にあまりにも無視されているからだと批判した。

「金融危機の後に最大の犠牲を払ったのは、富裕層ではなく、一般の労働者階級世帯だった」と首相は述べた。

（7）トランプ大統領が商務長官に指名したウィルバー・ロスは投資家、銀行家として知られ、トランプ大統領の長年の親友。実は、トランプ氏がカジノ経営で大借金を抱えていた時に、助けてもらった経緯がある。

（8）公益資本主義とは、アメリカ型の株主資本主義でも中国型の国家資本主義でもない第三の道を指し、原丈人氏が著書『21世紀の国富論』や自身が設立したアライアンス・フォーラム財団で提唱している概念。企業を社会的存在ととらえ、株主の利益のみを優先するのではなく、顧客・取引先・地域社会などステークホルダー全体への貢献（公益）を重視する資本主義。それを推進するＰＩＣＣ（Public Interest Capitalism Council、公益資本主義推進協議会）とは、公益資本主義を全国に広め、世の中を変えるためのきっかけをつくる活動を推進する協議会。限界が見えてきた現資本主義に成り変わる、新しい日本発の資本主義＝公益資本主義を世界に発信し、地球益に貢献するとしている。

（9）時価会計制度は取得原価に対応する取得原価主義に対する概念。市場価格の時価で資産を評価することによって決算期の期末の時点での時価に換算して貸借対照表の表示価格を書き換える。時価評価は含み益を背景に活動していた日本企業の根底を揺るがすことになった。

（10）武器輸出三原則等は、共産圏と国際連合決議による武器禁輸措置をとられた国、および紛争地域への武器輸出を禁止したもの。他の地域への武器輸出は「慎む」とされ、武器輸出そのものを禁止していたわけではない。しかし、日本は原則として武器および武器製造技術、武器への転用可能な物品の輸出が禁じられていた。「武器輸出三原則等」に代わる「防衛装備移転三原則」導入により、条件付きで武器の輸出が可能となった。これは国際的な共同開発に道を開き、自衛隊向けだけの高コストの解消につながる。

（11）当時、国会議員だった浜田幸一氏が、一九七三年（昭和四八年）一一月に、ラスベガスのカジノで、当時の為替レートに換算して四億六〇〇〇万円程度を一晩ですってしまった事件。そのお金は政商といわれ、ロッキード事件で偽証罪に問われた小佐野賢治が用立てしたことで、ロッキード事件との関係が取《と》り沙《ざ》汰《た》されたが、関係は否定された。

第二章
日本国内で蠢《うごめ》く利権集団
――カジノ法案、農協改革の裏側

日本人の懐を狙《ねら》うカジノ構想のおかしさ

三橋　いわゆる成長戦略というのは、要は民間のビジネスチャンスをつくりましょうという話です。特定の企業や特定の投資家を、既存の所得のパイに割り込ませよう、そこで規制緩和を、という話でしかない。

農協改革などはその典型です。農協のやっているビジネスに新規参入したい人たち、ローソンであったり、パソナであったり、あるいは外国資本が望んでいるのです。

思い出してみると、二〇一二年の秋の自民党総裁選で安倍さんが勝った後に言ったデフレ対策、つまりは金融政策、財政政策、そして成長戦略。成長戦略が何かと言えば、「宇宙開発であるとか、スーパーコンピューターであるとか、あるいは再生医療などにお金を投じます」と言った。要するに、当初の成長戦略は技術開発だったんです。

成長戦略として技術開発投資を政府がやるという話であれば、文句はなかった。

金融政策、財政拡大、そして技術投資の組み合わせは、完璧《かんぺき》なデフレ対策です。ところが、成長戦略は実際には構造改革になってしまった。構造改革というのは、基本的には誰かのビジネスのための改革です。この「誰か」は日本人だけではありませんからね。

渡邉　日本人の利益につながらない「改革」だった――。

三橋　たとえば、カジノ構想。アメリカのカジノ産業が、在日アメリカ商工会議所経由で「東京・横浜・大阪のような利便性がいい所にカジノを建設しろ」と言っている。そうでないと客が増えないためです。しかも、二四時間三六五日営業をせよと。さらに、カジノの中で、ファイナンスのサービスをやりなさいと。ファイナンスサービスとは、分かりやすく言うと、金を貸すサービスですね。

カジノを、外国人観光客から金を搾《しぼ》り取るためにやるというのならば、発想として分かります。それを沖縄でやるというのなら、私も反対しない。実際、韓国には十数カ所のカジノがあるけれども、韓国人が入れるカジノは一つだけです。

ところが、今の日本で進められているカジノ構想は、交通の便のいい所で、二四時間三六五日で、金も借りやすいようにして……明らかに日本人の懐を狙っているじゃないですか。しかも、ギャンブル依存症が五％もいるといわれている国で、です。

カジノ運営大手、米ラスベガス・サンズのシェルドン・アデルソン最高経営責任者（CEO）兼会長は、二月二一日に「CLSAジャパンフォーラム」において、「東京は（カジノの）最高の場所だ」と発言しました。わが国で統合型リゾート（IR：Integrated Resort）施設を建設できるならば、最大一〇〇億ドルの投資を行うと明言したわけです。露骨ですね。

つまり、カジノ構想は単なるビジネスなんです。それを成長戦略なんて言っている時点で、もう安倍政権はダメでしょう。

渡邉　最初にカジノ計画が出てきた時は、沖縄の基地跡地利用対策・振興策の一環として、普天間《ふてんま》基地の跡地を利用するという話だった。日本人の基地労働者のほとんどは、クリーニングやハウスキーパー、各種米軍属向けサービスなどを行っているわけで、すでに身体検査ずみなのです。ですから、そのままカジノや周辺ホテルなどに雇用できるというような話だったんですよ。米軍基地の警備などにも、日本人が働いているわけでね。

そういう失業するであろう日本人労働者を雇用する受け皿として、カジノ計画は作られ、それを含めた普天間の跡地利用計画の中で、アジアのハブ空港化とともにカジノとリゾートを組み合わせたＩＲ（統合型リゾート）という構想になった。それが、いつの間にか都市型カジノなどと言い出したわけです。

カジノはマネーロンダリングのために存在する

三橋　普天間基地の日本人労働者の受け皿という話が、いつの間にか大都市の近くにカジノを作れという話になっている。

渡邉　大阪のカジノ計画に関しても、橋下徹さんが市長をやっている時に何度も視察をしている。実は日本には、すでにカジノをやっているメーカーはいくつかありましてね。たとえばセガサミーなどはその典型で、海外でカジノを展開しているわけですよ。パチンコのマルハンもそうですよ。ユニバーサルエンターテインメントもフィリピンにカジノを作って運営しています。

このあたりの企業は、言ってしまえばロビイストというか、政界にお金を出している献金元だったりするわけです。だから、アメリカ側のカジノ利権を持っている人たちと、日本側でその受け皿となる人たちがいて、そこを通じて政治家への圧力がかかるという構図になっている。

そこで問題になるのが、日本でカジノをやるとして、どこのチェーンが来るのか、ということ。アメリカのカジノグループならまだいいですが、たとえば中国系のゲンティン・グループ(12)が来たら大変なことになる。マネーロンダリングをやりたい放題になってしまうからです。

三橋　やはり、カジノというのはマネーロンダリングの温床です。

渡邉　やりたい放題ですよ。

おそらく、日本人の多くはカジノの仕組みすら知らないと思うんですが、カジノのチップというのは、カジノ管理委員会という公の機関が管理します。アメリカだったら州が管理する形で、銀行口座に預託金を積んで、預託金に該当する額のチップを発行する。現金と一緒です。

では、なぜカジノでマネーロンダリングがやりたい放題なのか。チップには、一番高額なものだと一〇万ドルのチップなんていうものがある。一枚で一〇〇〇万円です。一〇枚で一億円。これをカジノの中で手渡ししてしまったらもう分からない。だからマネーロンダリングがやりやすい。

実際にマネーロンダリングが行われていたケースでは、中国の特別行政区のマカオにある中規模銀行バンコ・デルタ・アジア(13)（BDA）が有名です。この銀行は、北朝鮮が貿易決済や外貨取引で利用してきたのですが、二〇〇五年にアメリカからマネーロンダリングを疑われ、金融制裁を食らって破綻《はたん》危機に陥り国有化されました。

北朝鮮関係者による米ドル札偽造や麻薬密輸、高級外国タバコ偽造などへの関与を疑われたからです。カジノでチップに両替して、そのチップを渡して、商品をもらう。チップを受け取った側は、「カジノで勝った」と言って銀行に持っていけば現金が手に入るわけです。ようするに、北朝鮮の武器代金の決済に使われていたからです。代金をカジノでチップに両替して、そのチップを渡して、武器を受け取るというやり方です。チップを受け取った側は、「カジノで勝った」と言って銀行に持っていったら現金が手に入るという仕組みです。

三橋　逆もそうですね。たとえば賄賂を渡したほうは、「カジノですってしまいました」と言えばいいわけだから。非常に便利なシステムです（笑）。

渡邉　さらに、国際的なカジノチェーンの場合は、ハイローラー[14]向けの口座というものが用意されている。たとえば日本のカジノでハイローラー口座にお金を入れる。そうすると海外のカジノチェーンでそのままチップで引き出せる。つまり、カジノチェーンが地下銀行としても機能してしまうんです。つまり、外為法の規制逃れに使えるんですよ。

これが一番問題なのは、たとえばマルハンが日本にカジノを開くとしましょう。マルハンはすでにベトナムでカジノを持っている。そうなってくると、北朝鮮への経済制裁だって、骨抜きになりかねない。パチンコ産業には、かなりそういう資金が入っていますから。

日本の官僚、あるいは政治家の中で、こうしたカジノの仕組みを知っている人がいるんでしょうか？　今、私が説明した程度のカジノの仕組みですら、日本人の九九％は知らないと思います。こんな状態で作ったら、穴だらけの法律ができるに決まっているわけでね。海のものとも山のものとも分からないものをやる、やらないという議論自体がまずおかしいんですよ。

農協「改革」の裏で暗躍する人々

三橋　素人が議論しているという話といえば、先日（二〇一六年一一月）大騒ぎになった、全国農業共同組合連合会（全農）の改革もそうです。規制改革推進会議がまとめた改革案が、（1）資材の購買事業の一年以内の縮小（2）農産物の委託販売を一年以内に廃止し、全量買い取り販売に転換（3）金融事業を行う地域農協の数を三年以内に半減する――という内容ですが、ようするに、今やっている購買事業、手数料を取って卸して売る、という「商社ビジネス」の廃止と、もう一つは、委託である農産物の農家からの全量買い取りです。これを一年以内にやらなければ「第二全農」をつくりますと、政府の規制改革推進会議が提言したんです。

大田弘子氏が議長を務める規制改革推進会議の中に、農協の人はいません。全農はもちろんのこと、農協関係者が誰もいない会議なんですね。ど素人なんですよ。ど素人たちが総理に提言し、それがそのまま推進されそうになったから、自民党の国会議員たちが怒って、何とか骨抜きにはしたんですが……。

だいたい、規制改革推進会議や産業競争力会議といった「諮問機関」に民間議員と称して入り込み、官邸を直接的に動かすことで農協改革を推進しようとすること自体、異常です。

国会議員がまだ農協改革を主導しているのであれば話は分かりますが、現実には「国民に選挙で選ばれたわけでもない」民間人たちが官邸に潜《もぐ》り込み、首相に影響力を与えることで推進されている。これは民主主義の冒瀆《ぼうとく》ですよ。

渡邉　三橋さんは著書『亡国の農協改革』（飛鳥新社）の中で、この問題を大きく取り上げていますが、やはり、これも誰かが既存のパイに割り込もうという話なわけです。

三橋　いわゆる「レント・シーカー」たちです。「レント・シーキング」といって、政府の「規制緩和」により特定分野に新規参入を果たし、既存の所得のパイ（＝GDP）から他人の所得を奪い取っていく人たちのことを指します。

アメリカのノーベル賞経済学者ジョセフ・スティグリッツは、彼らのことを「アメリカの政治制度は上層の人々に過剰な力を与えてしまっており、彼らはその力で所得再配分の範囲を限定しただけでなく、ゲームのルールを自分たちに都合よく作りあげ、公共セクターから大きな〝贈り物〟をしぼり取ったからだ。（中略）富を創出する見返りとして収入を得るのではなく、自分たちの努力とは関係なく産み出される富に対して、より大きな分け前にあずかろうとする」（『世界の99％を貧困にする経済』徳間書店）と批判しました。

具体的にいえば、世界最大の穀物メジャーのカーギル社[15]です。これはさまざまな所で話してきたことなんですが、カーギルは全農の子会社である「全農グレイン[16]」という穀物会社が喉《のど》から手が出るほど欲しい。

この会社はアメリカのニューオリンズに拠点を置いていますが、所有する輸出エレベータは、単一の「エレベータ」としては世界最大規模です。

渡邉　カントリーエレベータというのは、穀物を貯蔵して輸送するための基地なんですね。

高いタワーで、その中に穀物を入れておいて必要な量だけ出して行く。この穀物エレベータの保有量が資源に対するシェアを決めるのですよ。

全農は今、アメリカでの穀物エレベータシェアで四位ぐらいですから。

三橋　巨大な一種の配送センターと考えれば分かりやすいでしょう。全農グループはアメリカの「各農家」と直接契約をしているため、日本に輸出する穀物について遺伝子組み換え作物でない完全なＩＰハンドリング（分別生産流通管理）を実現することが可能なんです。したがって、全農グループはカーギルなどの穀物メジャーの競合相手になるわけです。なぜなら全農がＩＰハンドリングしているのに、他社が実施しなければ「市場競争」に負ける可能性があるから。

渡邉　だから株式会社化しようとした。

三橋　そう、全農グレインなど、アメリカの関連会社は株式会社ですが、親会社の全農が「協同組合」だから、株式を公開していないし、そもそも組合員の出資金によって成立している組織だから株式がない。

一応、二〇一五年の農協改革で、「任意で株式会社にしても構わない」という法律になりましたが、実際にやろうとすると相当難しい。現実的には二〇年、三〇年かかるか、下手するとそれでもできないんじゃないか。

もちろん、そんな法律を作る時点で間違ってはいますが。全農は民間の共同組合連合会なのだから、そこに政府が介入しようとしている時点で憲法違反の可能性が高いわけです。ただ、全農の株式会社化の法律ができても、組合員である農協をひっくり返して全農グレインを手に入れるのは相当難しいというのが分かった。ならばいっそ、全農を潰してしまえという話が出てきたのでしょう。

　全農を全量買い取りの強制や商社ビジネスの禁止によって、追い詰めるわけです。全農を経営的に追い詰めれば、子会社を売らざるを得なくなるだろうと。そこでカーギル社が全農グレインをパクッと食べるというのが魂胆なのでしょう。そういうスキームが出来上がっていたようで

農協の組織図

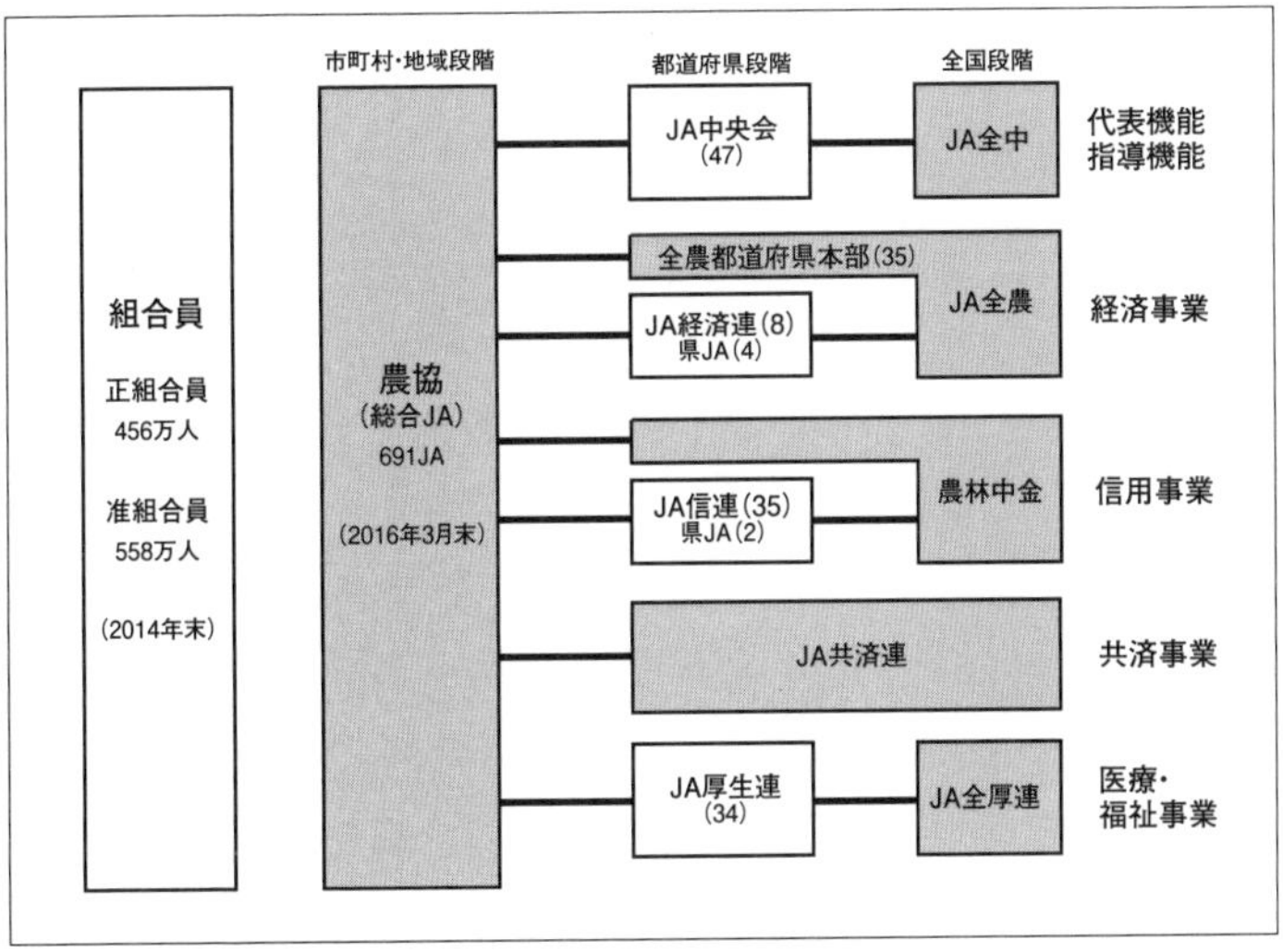

す。

私が腹立たしいと思うのは、こうしたスキームで使われるレトリックが陳腐なことです。たとえばいまだに「全農が農薬とか肥料を高く売っていることが問題だ」と奇妙なことを言っていますが、いったい何が問題なんでしょうか? 市場を一〇〇%独占し、農業資材を不当に高く売りつけていたら、それは問題です。実際には肥料とか農薬における全農のシェアなんて五〇%もない。一番シェアが大きいというのはその通りですが、独占事業体では決してありません。

むしろ、全農が体力にまかせて農業資材を安く売り、競合の業者を潰していくことのほうが問題だと思いませんか。たとえば、ビールやワインなどのアルコール飲料販売において、ディスカウントストアなど大規模量販店が過剰な廉売を実施して、小規模な酒店が打撃を受けていることが問題視されています。大規模な酒の量販店やスーパーマーケットが、特売の目玉商品として、通常の小売店の「仕入れ値以下」の価格でビールなどを販売しているケースなどです。しかし全農はそうではありません。

全農の資材が高いならば買わなければいいし、実際に農協も農家も全農からすべては買っていないわけです。そんな当たり前の議論さえされずに「高く売っている のは、けしからん」と批判する人がナンセンスでしょう。

あるいは、全農について「国際競争力を持ったグローバルな事業体にする」とか言っていますが、全農は極めてグローバルな事業体であることは前に述べました。

アメリカから数百万トンの穀物、配合飼料の原材料を入れているわけですから。そして、日本に売るだけだとバイイングパワーが足りないから、中国にも売っている。中国に売るのが目的ではなく、大量に買い付けることによって安く仕入れるということをグローバルにやっているわけです。

渡邉　ですから、逆にいえば、アメリカ企業が全農を買収したいという意向はよく分かるわけです。

穀物の対中輸出でも、アメリカでは日系の商社がほとんど請け負っています。そのため、中国への穀物に関しては、丸紅、伊藤忠、三井物産あたりがほぼ全量を持っているような状態で、アメリカ企業が輸出できないんですよ。

カーギル社なのかどうかは私には分かりませんけれども。また同時に、日本の民間企業が全農を叩いて、シェアを奪いたいという側面もあるわけです。だからアメリカの圧力だけではなく、日本の商社の圧力も大きい。

三橋 全農が商社ビジネスを止めたら、そこに市場の空白ができる。誰かがそこに参入し、儲けることができる。だからといって、規制改革推進会議で商社ビジネス禁止を提言するというのは、あまりにも露骨（笑）。絶対、裏に商社がいますよ。

渡邉 ローソンというのは、三菱商事ですからね。ファミリーマートは伊藤忠ですし。

三橋 ローソンといえば、すでに新潟の特区にローソンファームが入り、米を作り始めていますよね。あれは何をしたいのか。多分、米を生産して、ローソンのおにぎりの原材料にしたいのでしょう。

私がローソンの社長だったら、自分で米を作り、それで安くおにぎりを作って売りたい。その感覚は分かる。

分かるけれども、米というのは日本の食料安全保障と密接に関わっている。たとえばローソンが日本中の米を作ったとして、「採算が合わないから撤退」となったら、我々日本国民はどうなるんですか？　これがまず問題。

二つ目は、今の日本では米の生産力が年ベースで四〇〇万トンも余っている。この状況で、ローソンが自分のビジネスのための米を作ったら、今までローソンに納品していた米農家さんたちは仕事を失い、普通には廃業でしょう。需要が膨らんでいない状況で、何で新規参入を推進するのか。なぜ、デフレの国で所得の奪い合いを激化させるのか。

結局、今の日本の政治家は食料安全保障について理解していないだけでなく、デフレについてもちゃんと理解していない。

なぜなら両者とも政府にしかできないことだからです。安全保障とは、基本的に非常時に有効となるものであり、平時では単なる「コスト」でしかありません。

たとえば、防波堤の建設がそうです。防波堤とは大津波が来ない限りは単なるコンクリートの壁に過ぎません。一〇〇億円費やして防波堤を建設したとしても、未来永劫《えいごう》、津波が発生しなければ、「ムダなコスト」という話になる。しかも未来永劫防波堤の維持を継続しなければならない。したがって、利益の最大化をはかろうとする株式会社にはできない事業なのです。

デフレ対策も同様です。デフレとはモノやサービスの買い手である「需要」が不足した状況に陥ることを言います。そして、需要不足とは、反対側から見れば「供給能力の過剰」です。供給能力過剰と、不足する総需要（名目ＧＤＰ）との乖《かい》離《り》、すなわち、「デフレギャップ」こそがデフレの正体なのです。

デフレの国では雇用が不安定化し、実質賃金が下がり続けるため、消費を増やす国民はいません。消費が減ると企業の収入も減り、経営者は設備投資という需要拡大に二の足を踏むようになる。つまり、個人も企業もおカネを使えなくなる状態がデフレなのです。したがって、「デフレギャップ」というデフレの真因を解決できる存在は政府しかないのです。

デフレの話は後ほど（第三章）詳しくしたいと思います。

世界第二位の巨大ファンド・農林中金

渡邉　私は農協自体を完全に擁護しない部分があります。
たとえば、農林中金という、世界で今二番目に大きいファンド、投資銀行を自前で持っているわけですよ。穀物市場に介入して、穀物をどんどん買い上げて現物を現受けしてしまえばいい。そうすれば穀物が自由化されたって、需給を調整して米の値段を上げることはできる。七〇兆円以上の運用高を持っていれば、その気になればいくらでも価格決定をすることができる。穀物の現物市場で買い取って、それを粉米にして、安く国内に供給すれば、結果的に中国からの輸入も止まるでしょう。

三橋　それをやるべきは日本政府でしょう。何で民間の農林中金がやるんですか。

渡邉　政府がやれば、日本政府が穀物相場を操作していると、国際的批判を受ける。農林中金というのは、農家がお金を出して運用させている民間ファンドです。民間という建前で動けば批判を受けることもない。

三橋　そもそも農林中金っていうのは、利益を目的にした組織なんですか？

渡邉　そうです、そうです。利益を目的とした農協のための運用組織です。

三橋　それは農林中金だけ切り離すからそういう議論になりますが、農林中金というのは、たとえば農協が全農系の経済事業だけやっていたら、赤字になってしまう。逆に、農協が経済事業で赤字にならないと困りますよね。我々が農産物を高く買わされることになるから。だから、経済事業の赤字を補塡《ほてん》するために農林中金、あるいはJA共済があり、それで全体でバランスをとるという構図にもともとなっている。公益目的の農協の事業について、株式会社と同じようには考えてはいけません。

渡邉　現実問題として、農林中金が運用として買っているのが、欧米の投資銀行と同様に、債務担保証券（ＣＤＯ）など海外商品だったのです。二〇〇八年のリーマンショックではそのせいで一兆五〇〇〇億円以上の含み損を出しました。当時、三八兆八〇〇〇億円もの預金量がありながら、貸出金は八兆八〇〇〇億円しかなかった[17]。

もともと、みずほ銀行がサブプライム関連商品を扱っていて、卸の証券会社であったみずほ証券が農林中金の運用部分の一部を引き受けていた。みずほが赤字のクズ債券を農林中金に押し付けたのです。農林中金はそのまま引き受けて、それで大損をして、潰れそうになって全国の農協から二兆円ぐらいお金を集めて増資をして、何とか維持している。

そんなことをやっているくらいなら、米相場なんていくら介入したって金額は高が知れているわけです。

三橋　それをやることに反対しません。だけど、やるべきは政府でしょう。

農協問題のポイントは、日本の米の生産能力をどう維持していきますか？　という、食料安全保障の話です。全国の米の生産能力が一〇〇〇万トンぐらいあり、需要が六〇〇万トンしかない。残りの四〇〇万トンをどうするのか。政府が買い取り、韓国だろうが、台湾だろうが、外国にダンピングして売ればいいじゃないですか。そういう形で生産能力を維持するというのなら分かる。これは政府の仕事です。農林中金の仕事じゃない。

渡邉　いや、ただね。今の農協には現実に余剰金があるわけですよ。それを農林中金が運用している。政府が農業を支援する、しないという議論は別にして、農協は農家のための組織なんだから、自分たちで米の値段を上げる努力も必要だと思うんですよ。ここでたとえば穀物市場への介入規制をどうするのか、といった法的な細かい部分に関して、政府として仕組みを作って手伝うのは全然よしです。ただ、農協の中の農林中金という仕組みが実際にもう機能不全に陥っているという現実がある。まずはできることを自らやっていかないと、よそから突っ込まれる原因になるわけですよ。

農協は何のためにあるのか？

三橋　私は農協改革に反対しているわけじゃないんですよ。「改革」とやらの中身が、特定企業の利益のためだから反対しているんです。

渡邉　それは賛同なんだけれども。

三橋　協同組合が何なのか、我々は忘れていませんか。

農協には二つ役割があると思います。一つ目は農家の方々の福祉向上。そのために全農が経済事業をやり、安定的に売買を成立させる。経済事業の赤字を農林中金やJA共済で補填しているという全体のバランスで成り立っている。農協に限らず、協同組合とは、そもそも利益を目的にした組織ではないんですよ。それが批判されているというんでしょう? 理由は、我々が協同組合とは何かを忘れてしまっているからだと思うんですよ。

二つ目の農協の役割というのは、農家のためだけでなく、日本国全体の食料安全保障を守ること。利益前提の株式会社の理論で話すのはおかしくないですか?

渡邉　やっていることが株式会社なのに、協同組合と言っているところが批判を受けているわけで。先ほど言ったように実態が投資銀行化していたりね。

たとえば農協の購買部というのがありますよね。実際私はそこで、取引している業者をいくつも知っています。全農がピンハネして、全国の農協に斡旋《あっせん》し、電化製品を高い値段で押し付けているわけですよ。

三橋　押し付けていると言うけれども、買わなければいいんでしょう。相手側が。

渡邉　いやいや、やはり地方の縁故社会の実態で、それはなかなか難しい。

三橋　それは分かるけれども、じゃあその縁故関係にまで政府が改革だと言って口を出すべきか。単なる人間関係に過ぎないのに。

渡邉　農協が家電製品を売る必要がまずあるのか？　ということなのです。本来の農協の農薬や農業機械などの購買部門、農協の農業のための銀行部門、共済型の保険制度、といったことならいいんですよ。現状としてそうじゃなくなっちゃっているわけですよ。

三橋　そもそも、農協は農家という正組合員だけでは成り立たないんですよ。だから実際、正組合員の数よりも準組合員の数のほうが多いわけです。農協というモデルを維持するためには、相当苦労している。

しかも、あまりにも阿漕《あこぎ》な利益を出したら批判されるだろうし、出さなかったら潰れてしまう。そこで農林中金とか、ＪＡ共済の利益とか、今おっしゃったように家電を売って、ちょっとでも利益を稼ごうとか……そういう全体のバランスで何とか維持してきているというのが、実態なんです。細かい部分で「これは悪い」という点はいくらでもあると思う。そこを突っついてもしょうがないと思うんです。

渡邉　本来の協同組合法というもの自体は、戦後の貧しい時代に、国民は皆でグループをつくって、生活レベルを向上しようと推進した組織です。そのグループは非営利を前提として、その代わり非課税であるという、民間企業よりも優遇された措置がさまざまにあるわけです。

だからこの優遇処置を得たまま、

協同組合法による優遇措置

①法人税

法人税率		組合等	中小企業
所得	800万円以下	15%	15%
	800万円超	19%	23.9%

②事業税

事業税率		組合等	中小企業
所得	400万円以下	3.4%	3.4%
	400万円超 800万円以下	4.6%	5.1%
	800万円超		6.7%

③中間申告

	組合等	中小企業
法人税	不要	必要
消費税	必要	必要
都道府県民税・事業税	不要	必要
市民税	不要	必要

民間企業とまったく同じサービス業をやるのであれば、これは民業圧迫になってくる。これは生協が典型。生協という名の巨大なGMS（総合スーパー）になっているわけです。結局、その影響で民間の商店が潰れちゃっているわけですよ。これはちょっとおかしいじゃないですか？　と。

三橋　そういう事例を取り上げるのであれば、まったく逆のケースもありますよ。私は取材に行ったから分かりますが、長野県下伊那《しもいな》郡松川町の生田地区ではJAみなみ信州が、地元住民により設立された株式会社、および地方自治体と連携し、生活店舗、ガソリンスタンド、居酒屋、福祉バス停留所、さらには行政業務といったサービスまで幅広く提供している。なぜ農協がやっているかというと、民間企業はどこもやらないからです。

生田地区のみならず、飯田市では「訪問歯科診療」のサービスを提供しています。また、中山間地域などに住む「買い物難民」には、農協が運営するAコープへの送迎サービスを実施しています。

これは都会に住んでいる人間には想像もつかないことかもしれませんが、医療サービスが提供されない地域、買い物ができない地域に暮らすことは容易ではない。

もちろん、訪問歯科診療も買い物送迎サービスも単体で見れば赤字です。

これは「善悪」の問題ではありません。株式会社には株式会社の、協同組合には協同組合の社会的目的があるということです。

今の日本というのは、利益、利益、利益になってしまっているから、放っておくとみんなが都市部に来る。地方からどんどん人がいなくなってしまう。繰り返しますが、社会インフラを維持する役割も農協が担っているわけですね。

日本は震災大国である以上、防災安全保障上も、都市部に人口が集中するのは大変危険です。とはいえ、農協がインフラを維持しなければ、人々は都市部に集まらざるを得ない。

農協については、総合的な国家全体の「安全保障」と関連して議論すべきだと私が言うのはそういう意味です。

渡邉　協同組合として、そのように機能している一方で、本来の目的からはずれた方向で既得権化してしまっている部分もあるわけです。協同組合の問題点として、上部団体になればなるほど、それを監督する人が事実上いないんですよ。
農協が本当に農家のためになるものか、ならないものか。自らが選別して、必要な事業と必要じゃない事業を選別するべきではないのか。あるいは、本当に農協の職員が今の人数必要なのか。農協の組織を維持すると言われましたが、職員が多いから、その職員を食べさせるために不要なサービスをやっている部分もある。そういうものも含めて、一度は見直さないといけない時期にはもう来ているんですね。

三橋　それはおかしいでしょう。デフレの時にそんな効率化レースをやって、どうするんですか？　今の日本というのは、無駄があってもいいから人を雇わなくちゃいけないんですよ。公務員を増やすべきだと私は思っているぐらいです。

渡邉　労働人口が今もう減少社会に入っているわけですから、必然的に農協の職員のあり方だって、変わったっていいと思うんですよ。別にクビを切れということではないのです。直接農業生産法人になるというのも一つの生き方だと思います。ローソンが農業生産法人を立ち上げるなら、農協のほうが有利な条件なわけです。農業に携った人たちがたくさんいるわけで、ノウハウを持っているのは確実に農協の人でしょう。

日本には大量の農業者がいて、政界へのロビイ活動もできるわけで、金もある。

実際の農協は、すでに強者であるわけです。この立場をどうやって最大限利用して、何をすべきか？　というのは、やっぱり考えないといけないでしょう。

三橋　つまり、何をするべきだと思っているんですか？　農協はもっと利益を出せということでしょうか？

渡邉　たとえば、農家の次男、三男さんを雇って、農村地域における不足しているガソリンスタンドを維持していく。そういう事例はすでにあります。

たとえば、愛媛県との県境に位置する高知県旧西土佐村（現・四万十市）の大宮地区では、地域住民の出資によって設立された共同売店があります。この建物は、以前はＪＡ高知はたの大宮出張所として日用品をはじめ、ガソリンや軽油、農業資材などを販売しているところでしたが、農業生産の減少にともない、出張所が廃止されました。そこで、住民の約八割、一〇八人が平均六万円を出資し、資本金七〇〇万円の大宮産業を発足させ、共同運営している。それで採算がとれています。

都市と地方では、かなり農協というものの具体像が違うんでしょうけれども、やはり必要なもの、不用なものというのを見極めて、民間に任せるべきものは、民間に完全に振って、農協は農家のための助け合いの組織であり続ける。これをやり切れていない。

三橋　今一つ抽象的で、よく見えてこないんですが。ミクロな個別事例でマクロな農協を語っても、仕方がないでしょう。

【注】

（12）中国系のゲンティン・グループは、グループ社員だけでも五万五〇〇〇人を超えるホテルやクルーズ会社を抱える一大企業。マレーシアのゲンティンハイランドは六つのホテル二〇〇〇以上のレストランを持つ大人気のリゾート施設だが、マレーシア政府からカジノの認可を得ている唯一の独占企業。

（13）北朝鮮は貿易決済や外貨取引で中国の特別行政区マカオにある中規模銀行バンコ・デルタ・アジア（ＢＤＡ）を重用してきた。北朝鮮の米ドル札偽造疑惑を追及していた米財務省は二〇〇五年九月、ＢＤＡを「資金洗浄（マネーロンダリング）に関与した疑いの強い金融機関」に指定。米金融機関との取引が事実上できなくなったＢＤＡには取り付け騒ぎも起き、マカオ当局は混乱回避のため、問題の発端となったＢＤＡ内の北朝鮮関連五二口座二五〇〇万ドルを凍結した。

（14）ハイローラーとは、超大口顧客のことをいう。実は、ほとんどのハイローラーはアジアに存在する。

（15）カーギルは、アーチャー・ダニエルズ・ミッドランドと並ぶ二大穀物メジャーの一つとして、アメリカ合衆国ミネソタ州ミネアポリス近郊に本社を置く。秘密主義の会社で、世界最大の売り上げを誇るが、株式を公開していない。穀物のみならず、精肉、製塩、金融商品なども扱う。

（16）ＪＡグループの経済事業を担う全農の子会社である全農グレインは、アメリカの非メジャー系の最大級の穀物会社を買収して遺伝子組み換え飼料と非遺伝子組み換え飼料とを分別流通できる。アメリカ最大規模の集荷施設を保有して、アメリカからの穀物輸出の約一割を取り扱う穀物メジャーに対抗する唯一の組織。

（17）ＪＡバンクを傘下に持つ農林中央金庫は、リーマンショック当時に巨額のサブプライムローンを抱え込んだことから金融庁の資金注入の要請が入ったが、信金やＪＡによる増資で切り抜けた。

第三章

アベノミクスの本当の目的

——デフレ脱却より為替操作

円安で日本人は幸せになれるのか

渡邉　現在の日本経済の問題として、まずはデフレの問題というのが大きく一つあります。そこで日銀は長く金融緩和を行ってきて、大きな流れとしては円安になってきている。日銀の黒田東彦《はるひこ》総裁なんかはもっと円安になっていいんだと言っているわけです。

三橋　あれは端《はな》から考え方がおかしくてね。

円安になって、輸入物価が上がり、インフレ目標を達成するという話なんですが、それで国民は幸せなんでしょうか？　そうではないですよね。需要が拡大した結果、みんなの仕事が増えて、結果として人件費が物価以上に上がり、つまりは実質賃金が上がる形でインフレ目標を達成する。これが王道でしょう。

輸入物価が上がるだけでは、実質賃金は下がるんですから。

渡邉　輸入物価が上がるだけじゃなくて、円安になると企業の輸出競争力が上がると同時に、アメリカ型会計方式の時価評価という面でいうと、企業が持っている対外資産の円建てでの評価が上がり決算数字が良くなる。

三橋　法人税が上がると？

渡邉　税収も増えるとともに、企業の利益が上がるので円建てでの給料を上げる原資にもなります。

三橋　後半は別に否定しません。それはそうです。単にドルやユーロの利益が、円建てだと膨らむだけなんだけれども。

ただ、「円安になったら輸出が増える」と言われていたんですよ、岩田規《き》久《く》男《お》日銀副総裁（学習院大学名誉教授）のインフレターゲット論ではそう言っています。実際には、実質輸出は全然増えていないじゃないですか。これは

日本の実質輸出指数と為替レートの推移

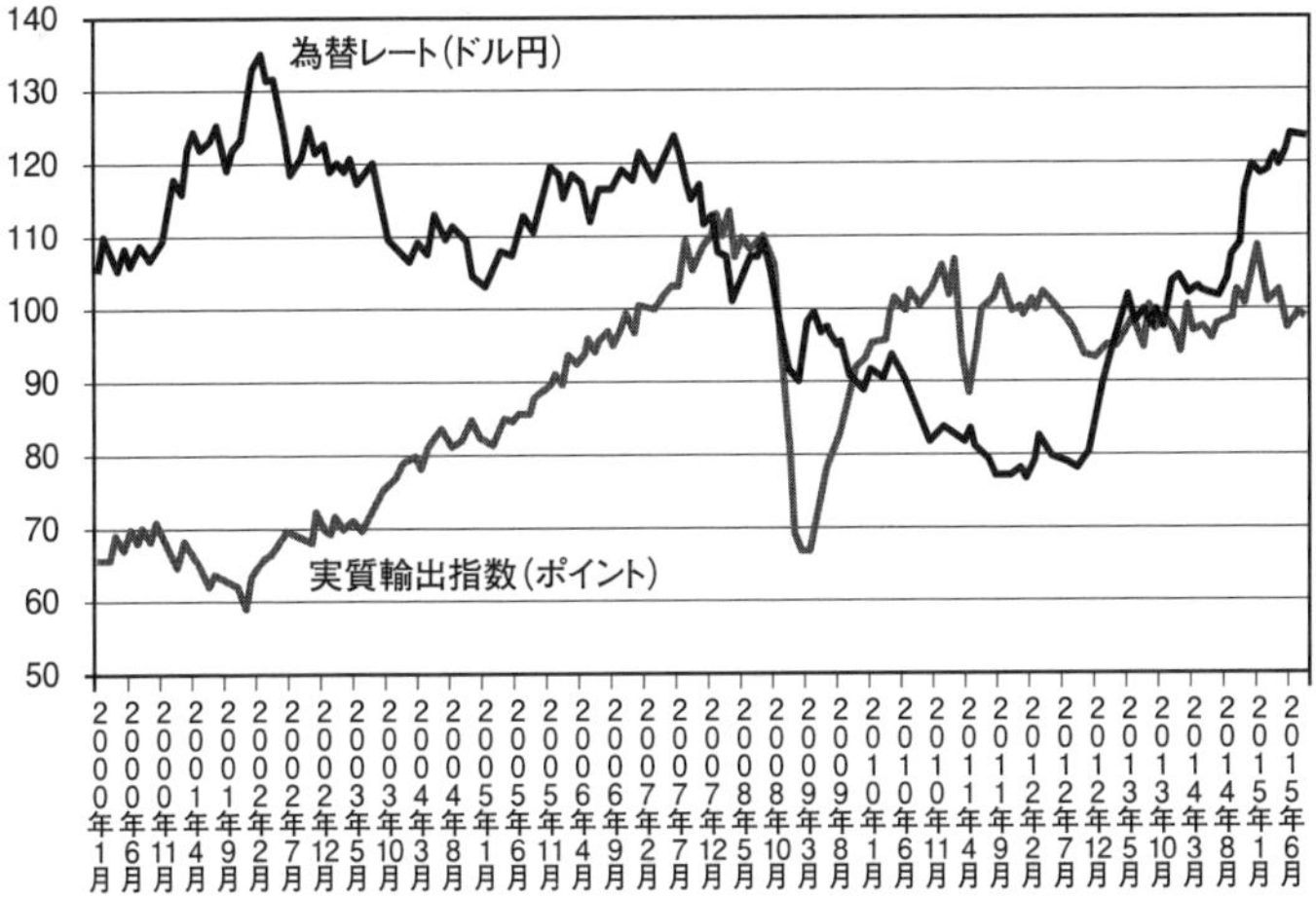

出典：日本銀行より

過去三年の結果でした、要は需要が拡大している、世界的に拡大している時期だったら、輸出の実質量も増えるだろうけれども、それは起きなかったんですよね。

渡邉　ただし、輸出が増える増えない以前の問題として、円安はデフレ圧力を弱める効果がある。たとえば、一ドル八〇円の場合、一ドルの製品は日本国内で八〇円で売れることになる。これが一ドル一二〇円になれば、一二〇円で売られるわけです。当然、競争にさらされている日本の製品に対する値下げ圧力は弱まるわけです。それを全体として見なくちゃいけない。

そもそも、もうすでに日本国内に資金が余っているわけで、それが適切に運用されていないというだけですから。金融緩和というのは、資金面での効果は少ない。だから、為替対策以外の何ものでもないんですよ。正直なところ。

三橋　もちろん、政府は為替操作だとは認めるわけにはいかない。

渡邉　建て前上はね。

三橋　問題は、まずは為替対策ということで量的緩和をやり、円安に誘導したとして、今のスロートレード（貿易の伸び悩み現象）が起きている世界で、日本国民の賃金が実質で上がるようなところまで、企業の収益が改善するのか。あるいは輸出が拡大するのかという点です。二〇〇八年のリーマンショック前は確かに、このやり方で実質賃金が上がったんですよ。今のところはそうはなっていない。それが一つ目。

二つ目は、変動相場制の国で政府が為替操作をやっていいんですか？　という問題。私はやっちゃいけないと思います、少なくとも日本は。今の量的緩和は、実質的な為替操作ですから。

渡邉　ただ、為替操作であると日本政府は認めるわけにはいかないという立場にはあるけれども、リーマンショック後に、アメリカが三・八倍ぐらいまで、イギリスにしても四倍近くまで通貨量

実質賃金(年平均)の推移

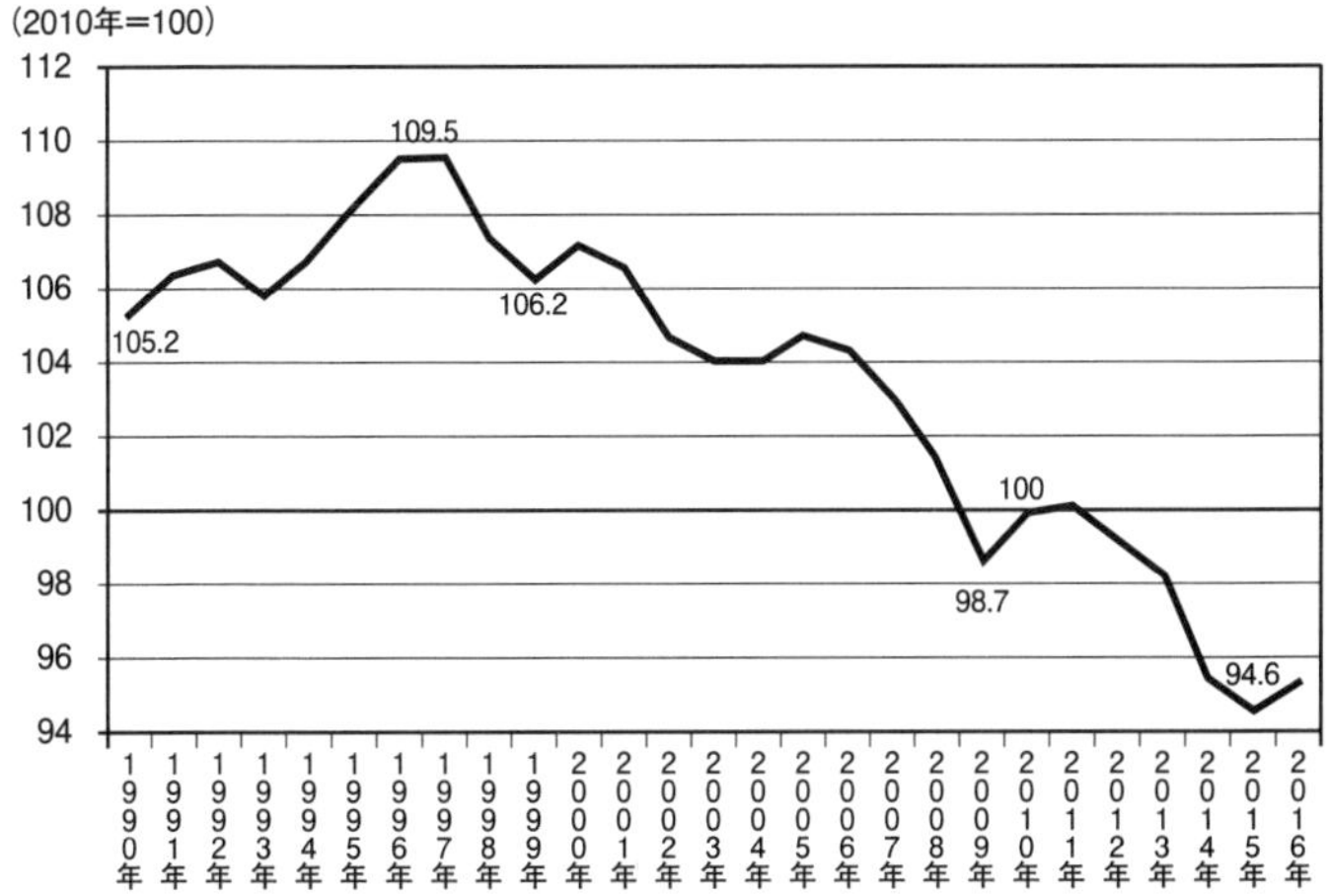

出典：厚生労働省「毎月勤労統計調査」より

を増加させていたという現実がある。それに対して日本政府が通貨量を増やしていなかったために著しい円高が起きていたんです。これをバランスし、円の通貨量を海外レベルまで持っていく、ただそれだけのことなんです。

ただし、政治家としては建前上は、為替操作と言われれば為替操作ですが、よそもやっていることであり、何の問題もないでしょう。

円高になって得をしたのは、中国や韓国などからの輸入業者であり、海外の生産者なのです。彼らに日本人の職と利益を奪われただけなんです。これと同じことをトランプも言っています。国内製品の国際競争力が上がると、国産化が進むのは、当然です。

ただし、基本的に企業の動きというのは、三年とか五年とかいったサイクルで、緩やかにしか変わらない。だから、円安のトレンドがずっと安定して続いていればいいんです。需要と供給のトレンドが安定して続いていればいい。

ところが、たとえば消費税増税のように急激に需要が減少するところがあると、企業が設備投資計画をすべて見直ししなくちゃいけなくなる。全部がリセットされてしまう。

この三年間で起きたことは、消費税増税による企業の投資計画のリセットと、たとえば中国のチャイナバブル崩壊などによる、海外事情による為替の逆ブレですよね。

一ドル一二〇円まで行って、それで安定していれば企業経営者としても安心して投資ができるんだけれども、またいつ戻るか分からないとなると、企業のリスクとして非常に大きなものになるということです。

「生産を国内に戻すのはいいけれども、また円高になったら、どうなるんだろう?」ということになるわけです。こういう恐怖心が設備投資など投資金額を低く抑え込んでしまっている理由なんだと思う。

だから、三橋さんとここは意見は完全に合致するんだけれども、アメリカ型の短期会計をまずやめるとかですね。少なくとも国家としては、五年、一〇年、二〇年という中長期の明確な計画と需要を創出する。ここの根っこの部分というか、根底の部分だけでもきちっとさせる必要は絶対にあるわけでね。そうじゃないと企業は場当たり的な施策しかできない。

実は建設業の実態がそうなんですよ。小泉改革以来、どんどん土建屋さんいじめが進み、それでもまだ耐えていたところが、民主党政権に変わって「コンクリートから人へ」で完全にカットされた。

ここではほとんど最後のトドメを刺されたような形で多くの建設業者は廃業するとか、倒産とかに追い込まれていった。従業員もリストラしていかなくちゃいけない。この時のトラウマって、経営者としては、ものすごく大きいんですね。

今、また人を雇っても、本当に仕事が保障されるのかという疑念が払《ぬぐ》いきれない。私も経営者だから分かるんだけれど、そういう恐怖がある。だからこれを改善していくというのは、中長期のデフレマインド改善にとって、最も大切なことだと思う。

ただ、小手先の技術として為替を利用して、バランスシートを改善するとか――これはこれであってもいいんですが、根っこにあたる本質的な中長期的資金の増加という政策がない。ここに成長戦略のポイントがあって、ここが一番大事なのに、おざなりにしているところにものすごくアベノミクスの問題があると思うんです。

財務省に利用されたリフレ派の妄想

三橋　それはおっしゃる通りなんですが、ではなぜ、たとえば正しい公共インフラの拡大や技術投資を増やせていないのか。

結局、わが国は「財政規律」をたてに公共事業を縮小しようとする財務省に支配されているということなんです。たとえ安倍政権であったとしても、それは変わらない。財務省の望みのままに緊縮財政をやるから、結局、中長期資金を増やせないという話なのです。

これは多くの国民が誤解している点ですが、実際問題、安倍政権になってからも公共事業は増えていません。安倍政権は過去三年間、通常予算では公共事業について「六兆円」にむしろ抑制していた。

しかもこの六兆円は、一般会計に組み入れられた社会資本特別会計（六〇〇〇億円）を含んでいるので、実質的には二〇〇九年から一〇年にかけての鳩山由紀夫内閣時代よりも安いのです。

ただ、補正予算で公共事業を積み増し、二〇一六年度はようやく東日本大震災の復興があった二〇一二年度を上回る見込みとなりましたが。

わが国の公共事業関係費のピークは一九九八年の一四兆九〇〇〇億円です。一〇兆円を超えることが当たり前だった公共事業関係費が、二〇一一年にはわずか五兆三〇〇〇億円まで縮小され、わが国の土木・建設の供給能力は激しく棄損してしまったのです。

ところがデフレが深刻化して不況になり、みんなの不満が高まっていくと、さすがに財務省も無視できな

日本の公共事業費の推移

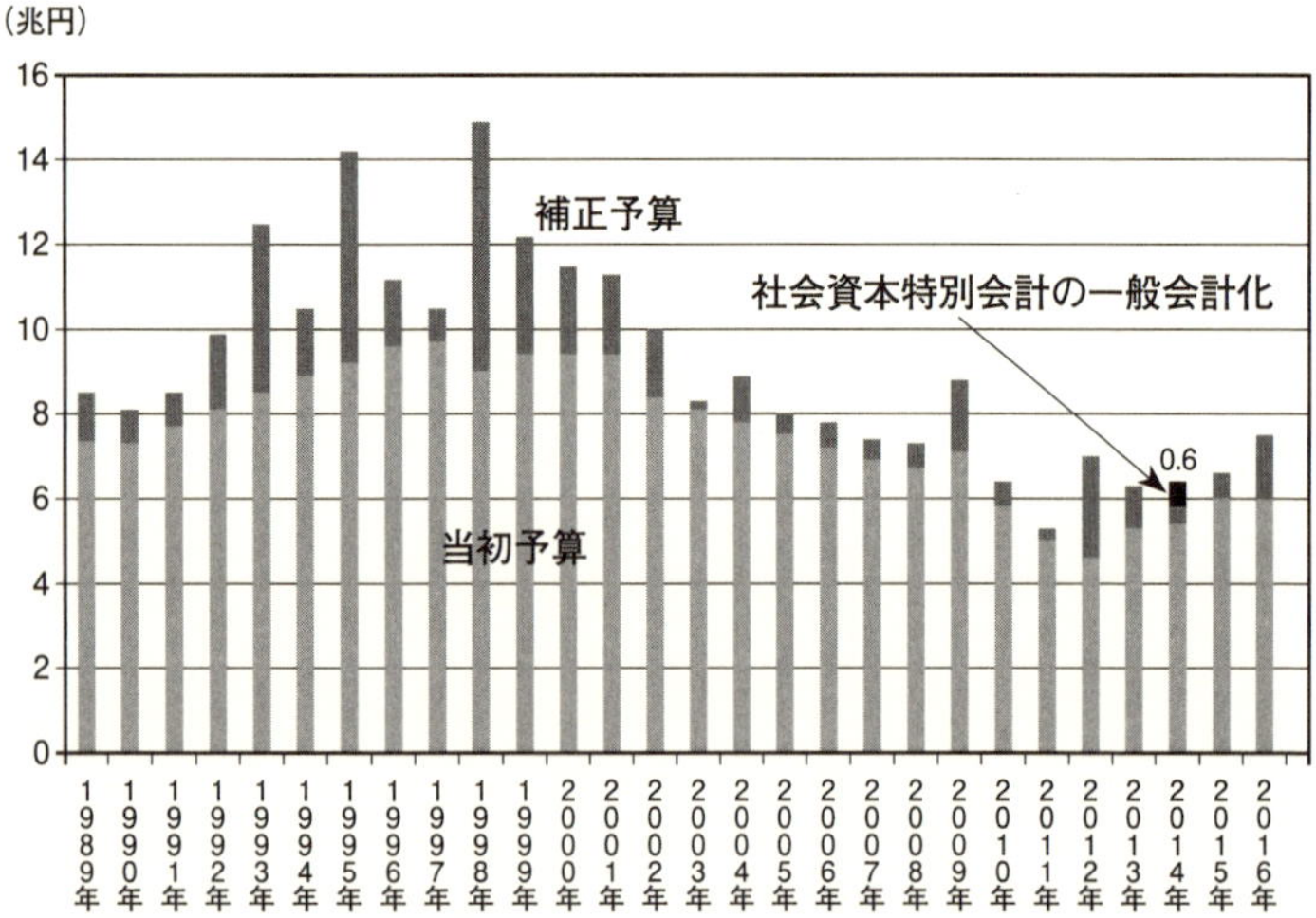

出典：財務省より

くなってくる。政治家はデフレ対策をやれと言うわけです。たとえば、かつての麻生太郎氏が典型だけれども、公共事業を拡大しようじゃないかと。

そこまでは良かったんだけれども、その時に我々日本国民にとって大変不幸なことに、変な連中が現れたんですよね。いわゆる「リフレ派」(18)といわれている学者連中です。

岩田規久男日本銀行副総裁や浜田宏一内閣官房参与（東京大学・イェール大学名誉教授）は、こういう言い方をしたんです。「デフレは貨幣現象である」と。だから「日銀がインフレ目標を二％コミットメントし、量的緩和を継続すると宣言すれば、期待インフレ率が上がる。すると、実質金利が下がる。そうすれば設備投資や消費が増える。円安になって企業の収益が増えれば、人件費も増える。あるいは株価も上がる。すると消費も増えるでしょう」と。

しかしこれは仮定に過ぎなかった。

ここで、読者のために リフレ理論を解説しますが、もともとこれはポール・クルーグマン教授が提唱した「フィッシャーの方程式の読み換え」に依存していました。フィッシャーとは、一九〇〇年代前半に活躍し、貨幣数量説などを復活させたアーヴィング・フィッシャー教授のことです。

フィッシャーが実質金利について定義した方程式が、次にあげる「フィッシャー方程式」です。

実質金利＝名目金利－期待インフレ率

これをクルーグマン教授は下辺から上辺への因果式ととらえ、実質金利決定式とする仮説を唱えました。すなわち、

「期待インフレ率を変更することで実質金利を引き下げられる」

と主張したのです。

クルーグマン教授の仮説に全面的に依存したリフレ派は、たとえ名目金利がゼロであっても、期待インフレ率を上昇させれば「実質金利を引き下げられる」と考えた。さらに、実質金利が下がれば、日本の経営者は設備投資を増やし、消費者は消費を拡大する「はず」だと。

私が注目していたのは、このリフレ派のデフレ対策によって、需要が十分に増え

るかどうかでしたが、結果はごらんの通り増えなかったわけです。

一番の問題は、インフレ目標や量的緩和が悪いというのではなく、金融政策のみで、財政政策により「需要を拡大」するという前提を安倍政権がとらなかったことです。

これは財務省にとって、非常に都合がいいんですよ。

なぜならば、公共事業や財政の拡大をしなくてすむんですから。

「デフレは貨幣現象なんですから、マネタリーベース（日銀が発行する日本円〔現金紙幣および日銀当座預金〕と政府発行の硬貨の合計）を

マネタリーベースとインフレ率の推移

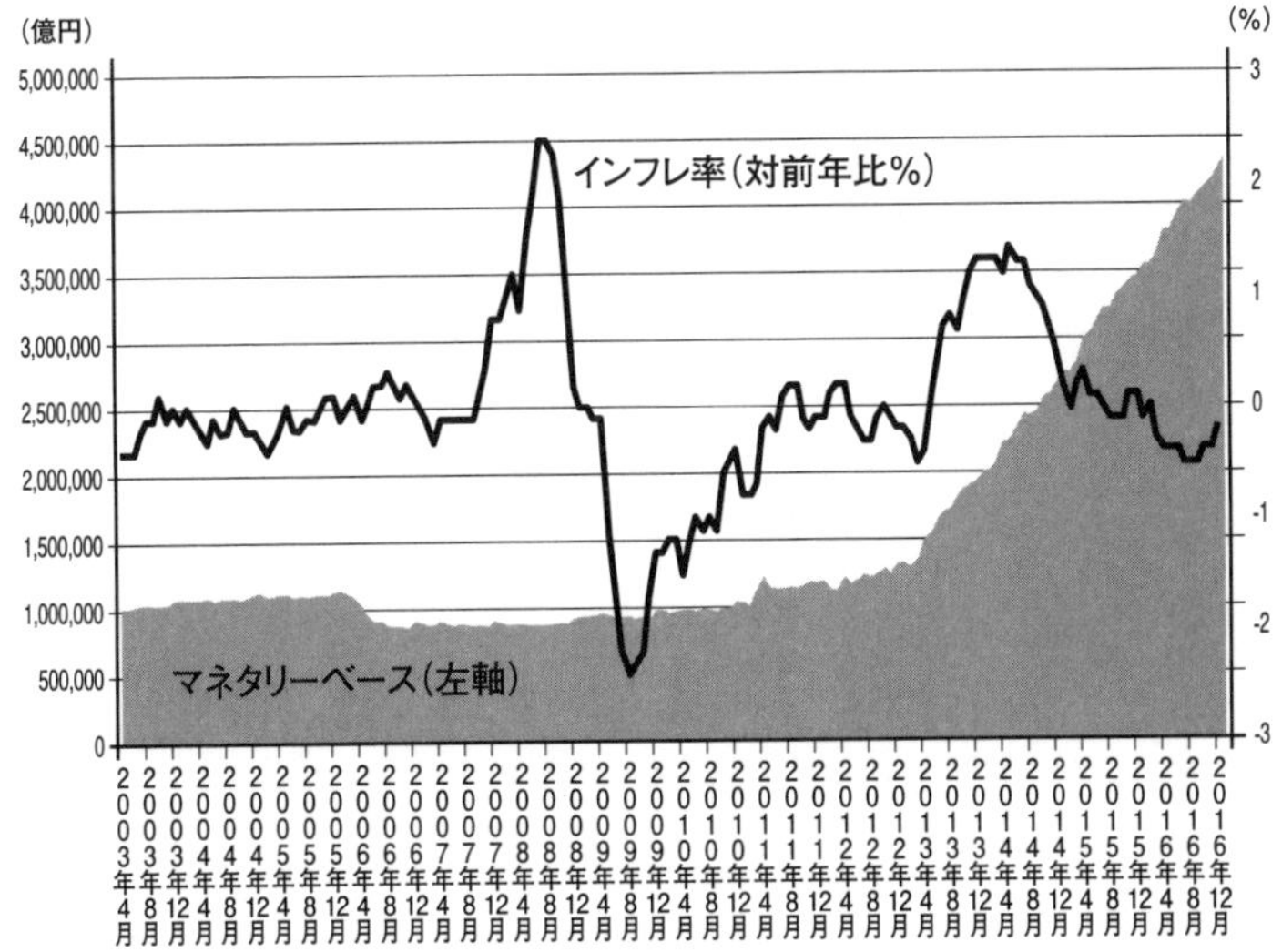

出典：日銀資金循環統計「時系列データ」より

拡大すればいいんですよね、岩田先生」ということになってしまったんですね。

結果、二〇一三年三月と比べて、すでに日本銀行は三〇〇兆円以上もの日本円を発行し、マネタリーベースは四一〇兆円を突破しています。つまり、三〇〇兆円の「新しい日本円」を発行したのです。

ではインフレ率はどうかというと、目標の二％どころか、二〇一六年一二月はマイナス〇・三％の水準です。なぜか。インフレの定義を考えれば誰にでも分かることです。インフレ率とは物価の上昇率です。そして物価とは、我々国民が生産するモノやサービスという付加価値の価格のことです。つまり、モノやサービスの価格が上昇することが「インフレ」なのです。したがって、結局は需要の問題だったわけです。実際、消費税増税後に一気にインフレ率が下がり始めました。

需要拡大という正しい道を、いわゆるリフレ派が妨害したのは間違いのない事実です。もちろん岩田副総裁だって、「需要を減らせ」なんて言ってはいない。浜田内閣官房参与は、最初は消費税増税に賛成したから論外だとしても、ですよ。

本来だったら、岩田副総裁は、消費税を増税してはいけないと言わなくちゃいけなかった。デフレ脱却を真に目指すならば。ところが上司の黒田日銀総裁が増税に賛成だったから、それも言えない。ということで、岩田副総裁の理論の都合のいい部分だけが抜き出されて、「緊縮財政派」の財務省に利用されてしまったというのが、過去四年間の「社会実験」の結末だと思います。

渡邉　本当は量的緩和と財政出動の両輪があって、量的緩和などで資金量を増やして、増えた資金量をうまく運用して、中長期的な公的資本形成、いわゆる公共事業などで将来に向けての発展コストとして使うという。これが最初の話だったんですよ。しかし、財務省がそれに強く反発した。そして政治もそれに従ってしまった。その結果が現在のアベノミクスの状態なんでしょう。財務省の特に予算編成という作業に関しては、政治家ができるわけがないので、結局財務省におんぶに抱っこをせざるを得ない。その予算を作る主計局というところでは、予算額を最も小さくするとそれが一種の成績になってしまうというのです。

三橋　それが問題なんですよ。

渡邉　問題がそこにあるわけですね。

財務省には主税局、主計局というのがあって、税金を取るほうが主税局。主計局というのは、予算をできるだけ小さくするのが主計局の役割です。特に、ここ数十年改革路線というのが主流になっていく中で、改革派といわれる人たちというのは、小さな政府を最終的に目指していくわけですから。小さな政府ということは予算額が小さいということなわけですよ。

予算額が小さいものを正しいという、この前提が間違っているんだけれども、これが成績評価の一つの指針になっちゃっているところに大きな問題があるわけです。

政治家としては、財務省が「これだけしか予算ができません」と言うと、その中での分配をお互いに奪い合うしかない。そうすると、財務省に嫌われると自分たちの地元への予算分取《ぶんど》りができなくなる。

主計局の日本支配と抵抗の手段

渡邉　予算編成の仕組みというのを、一般の人はあまり知らないでしょうから、ここで少し説明しましょう。

一月に予算案ができて、提出されると国会審議が始まります。そうするともう役人たちは、次の年度の予算編成に入るわけです。

だいたい二月、三月とそれぞれ省庁の中で、あれをやりたい、これをやりたいというのを出していって、四月、五月あたりで予算プレビューというのをやって、業者からの見積もりを取ったりするなどの作業を終える。それで実際に各省庁で八月の最終週までに概算要求というのを政府に対して出す。概算要求額を財務省は積算をして、積み上げていくわけです。

そうしたら、各省庁の要求額を足し算したものと財務省が出してくる予算編成の大枠金額との間で、調整をする。各省庁がそれに合わせて減額をする。この事業は今年はやりません、こちらはやりますというように。そうすると事業の分割というか、どのような事業が行われるのかというのが、アバウトで出てくる。一二月の二五日になると各省庁の予算配分が終わります。

ここから一月の通常国会までが勝負です。

なぜかと言うと、予算編成が終わって、ここから「箇所付け」という作業が行われるからです。予算に合わせて、どこの事業にいくら付けるか？　という現実的な具体論が出てくるんです。

ここで政治家の力関係によって、どこどこに橋ができるとか、地元の選挙区に何々を引っ張ってきたとか……これを政治家はみんな利用して、選挙の道具に使うわけですよ。政治家はそれぞれ地元を持っていて、そこに事業を持ってこないと次の選挙に勝てない。これは民主主義の間違っている……というか、正しいか間違っているかは分からないけれど（笑）、古臭い部分ですね。どぶ板の部分です。

政治家は、箇所付けまでの間に財務省に睨《にら》まれると、地元に予算を持ってこられない。特に二年生、三年生議員ぐらいまでの力のない議員は、財務省におべんちゃらを使ってでも予算を持ってきたいわけですね。そうしないと古手の力のある議員さんたちに全部持っていかれてしまうわけですから。

このような日本の良くも悪くも古臭いカビの生えた国会制度というのがあって、いまだに変わらない。ただし、これは民主主義で代議制を取っていて、小選挙区である以上、どうしようもない宿命なんですね。財務省は最もそこを理解している。

そこで、主計局を中心として、政治家にアタックをして消費税増税を無理矢理やらせようと圧力をかけてみたり、さまざまに動いているわけです。

では、安倍政権がそれに抵抗していなかったかというとそうでもない。一二月に選挙をやるというのは、もう決まりかかってきた箇所付けを全部ひっくり返す手段です。だから一二月選挙というのが、近年に二回行われたわけですね。

しかも、財務省の事務方トップに三五年振りに主税局出身者（佐藤慎一事務次官）が就任したというのは、一つの大きな変化ではあるでしょう。これで、財務省内のバランスが大きく変わった。

三橋　私は、前と比べれば、まだしも抵抗の方法があると考えています。

財務省を含めた六〇〇人のキャリア官僚の人事[19]というのは、今は内閣官房が持っています。前は官僚主導だったんですが、法律が変わったんですよ。だから、人事を利用して財務省に言うことを聞かせることはできる。消費税の増税について、再延期ができたのはそのおかげです。民主党の時代に「政治主導です」と言い出し、実際に政治主導の法律が通ったのは安倍政権になってからです。そういう意味では、抵抗の手段は前と比べたらあるんです。

ただ、安倍政権は史上空前の緊縮財政の政権なんです、実は。二〇〇九年から一二年の民主党政権期には、野田（佳彦《よしひこ》）政権期（二〇一一年九月から一二年一二月末）を含め、だいたい政府は毎年四〇兆円ぐらいの負債を増やしていました。それが国民の所得になっていたんだけど、二〇一五年には負債の増額を一七兆円にまで減らした。

つまり、野田政権期と比べて、一五年の安倍政権は二三兆円のお金を使っていない。もちろん増税で吸い上げた分もあるんだけれども。

安倍政権には財政拡大というイメージがあるんだけれども、実際はそんなことは全然なくて、バリバリの緊縮財政でした。かつての橋本政権期（一九九六年から九八年）以上です。

渡邉 では、金融緩和のお金ってどこに行ったんでしょう（笑）。

三橋 はい、それはいい質問です。さっき渡邉さんが、お金を発行してそれを使えと言ったんだけど、厳密には違う。なぜかというと、中央銀行がお金を発行するというのは、銀行から国債を買い取り、銀行が日銀に持っている当座預金残高[20]を引き上げるだけだからです。日銀当座預金を民間に貸すことはできません。それは、我々が日銀に当座預金の口座を持っていないからという理由です。国債などで政府には貸せるのです。

ということで、今は日銀当座預金残高だけが膨れ上がっている。これは二〇〇兆円ぐらい増えました。日銀当座預金が増えて、インフレ率にどれぐらい影響を与えるんですか？　と言ったら、ゼロですよ。だって、モノもサービスも買っていないんだから。

だから今、金利が異様に低い。政府が普通に建設国債を発行して、銀行からお金を借りて、それを投資に使いなさい。消費に使いなさい、というのをやらない限り、絶対インフレにはならない。そう最初から私は言っていたんだけれども、岩田副総裁たちの理論だと「いやいや、期待インフレ率[21]が上がって、実質金利が下がって……」どうのこうのと、わけの分かんないフローチャートを書いてしまうんですよ（笑）。実際には成立しなかったんだけれども。

その反対側では、安倍政権は緊縮財政をやっています。かなり怖いことに、財務省と厚生労働省は一七年度、医療分野において一〇〇〇億円、介護分野で四〇〇億円の削減を図るそうです。公共投資も減らし始めているところだから、これはちょっとシャレにならないです。完璧《かんぺき》な緊縮財政路線です。

消費税の増税は確かに延期されました。だからと言って「安倍政権が緊縮財政をやっていないわけじゃないですよ」という、これが事実です。

渡邉　それとですね、野田政権よりも二三兆円予算が減った理由には、乗数効果が低い配る政策をやめたということも大きな原因なんですね。そのまま配る政策は予算に対して経済効果が低い。逆に産業などへの分配は予算に対して経済効果が高い。だから単純に金額だけで比較できない側面もあるんですね。

ただし、安倍政権が予算を増やしてないのも事実で、もっと増やせばいい。そういう単純な話だと思うんですが、ただ、なかなか抵抗が大きくてそれができていない、というのも事実だと思うんです。

【注】

（18）リフレ派の主張は、政府・中央銀行が数％程度の緩慢な物価上昇率をインフレターゲットとして意図的に定め、長期国債を発行して一定期間これを中央銀行が無制限に買い上げることで、通貨供給量を増加させて不況から抜け出すことが可能だというもの。安倍首相は、デフレ脱却を目指し、黒田東彦氏を日銀総裁に据え、リフレ派の論客・岩田規久男上智大学・学習院大学名誉教授を日銀副総裁としてリフレ政策をとっている。

（19）「行政の縦割り」を廃止すると宣言した安倍首相の官邸主導による内閣人事局発足は、キャリア官僚六〇〇人の人事権を持つという政治主導を印象付けたが、官僚たちの抵抗もかなりある。

（20）金融機関が日銀に預けている無利息の日銀当座預金は、金融機関が顧客からの預金の一定割合を預け入れなければならない「準備預金制度」による。金融機関は準備預金を超えた部分の預金を企業への融資にあてるため、日銀当座預金が潤沢であれば、市場に出回る資金の流通量も潤沢になるはず。日銀が行う量的緩和政策の下では、この仕組みを利用し、日銀当座預金の残高を増やすことで、経済の活性化を狙うものである。

（21）市場が推測する期待インフレ率を示す指標のことを英語表記（Break Even Inflation rate）を略して「ＢＥＩ」とも呼ばれる。これは、物価が将来どれくらい変動するかと市場が見ているかを示すもの。ちなみに、二〇一三年四月に黒田日銀総裁が異次元緩和（量的・質的金融緩和）を打ち出したが、その理論根拠は、市場の期待インフレ率が上昇するように積極的に働きかけることで、実際の物価上昇率もそれに近づくという発想が背景にある。

第四章

ルサンチマンの時代

――何を煽るかで大衆を操る

小池百合子に拍手喝采《かっさい》する愚民たち

三橋　財務省の話が出ましたが、私は財政拡大に対する一番の抵抗勢力は、むしろ日本国民だと思うんですよ。

渡邉　うん。そうですね。日本国民が最大の抵抗勢力です（笑）。

三橋　我々日本国民は、デフレで所得が足りないから、毎日、節約、節約で生きているわけです。人間というのは、自分がやっていることが正しいと思い込む動物です。誰だって自分のやっていることが、間違っているとは思いたくないわけですね。ということで、政府に対しても節約を求めるわけです。結果として、財務省のまさに望むままに、緊縮財政が推進されているわけです。

思い出してみてください。東京都の小池百合子都知事。東京五輪について、都知事が動き、何百億円もの予算が削減[22]されるという話に、都民は拍手喝采した。だけれども、その分都内でお金が使われないんだから、都民の所得が減るんだぞ——ということすら分からない愚民と化しているわけですね。

渡邉　確かにそうです。

三橋　しかも、みんな貧乏であるために、ルサンチマンが溜《た》まっている。というわけで、政治家が誰かを攻撃すると、ものすごい勢いでそれを煽《あお》るわけですね。
でも、そんなことをしてもルサンチマンはまったく振り払えないですよ。結局は、自分も損をするんです。国民経済がつながっている、誰かの支出は誰かの所得になるという常識すら、まったく理解していない国民が多数派になってしまっている。

渡邉　さっきの医療介護分野の話なんですが、ここのところ議論が国会内でも進んでいますね。医療介護分野では、放っておいたら年間一兆円以上、予算が増え続けていくといわれています。
そこで、たとえば四〇〇億円カットしましょう、何千億円カットしましょうと言っている一方で、「保育園落ちた」で、働くお母さんへの支援をしてみたり、わけの分からない形でお金をドーッと注入するわけですよ。
ここがすごく歪《ゆが》んでいて、メディアが盛んに煽って、大騒ぎしたものに対して手当てはするけれども、逆に言うと国民が黙っていて目立たない部分はカットしているということ。これは民主主義の宿命なのかもしれませんが。

本来だったら、「福祉とは何か?」という根本から考えて、「自助」「共助」「公助」から日本の社会システムが成り立っていることを理解してなくてはいけない。

自助は自ら働いて生計を立てていくことであり、共助とは社会保険などに加入してリスクを互いに分散させたり、地域の人同士で助け合うことです。そして自助でも共助でも対応できない場合に、所得や生活水準、家庭事情などに応じて生活保障を行うのが公助なの

自助、共助、公助の連携図

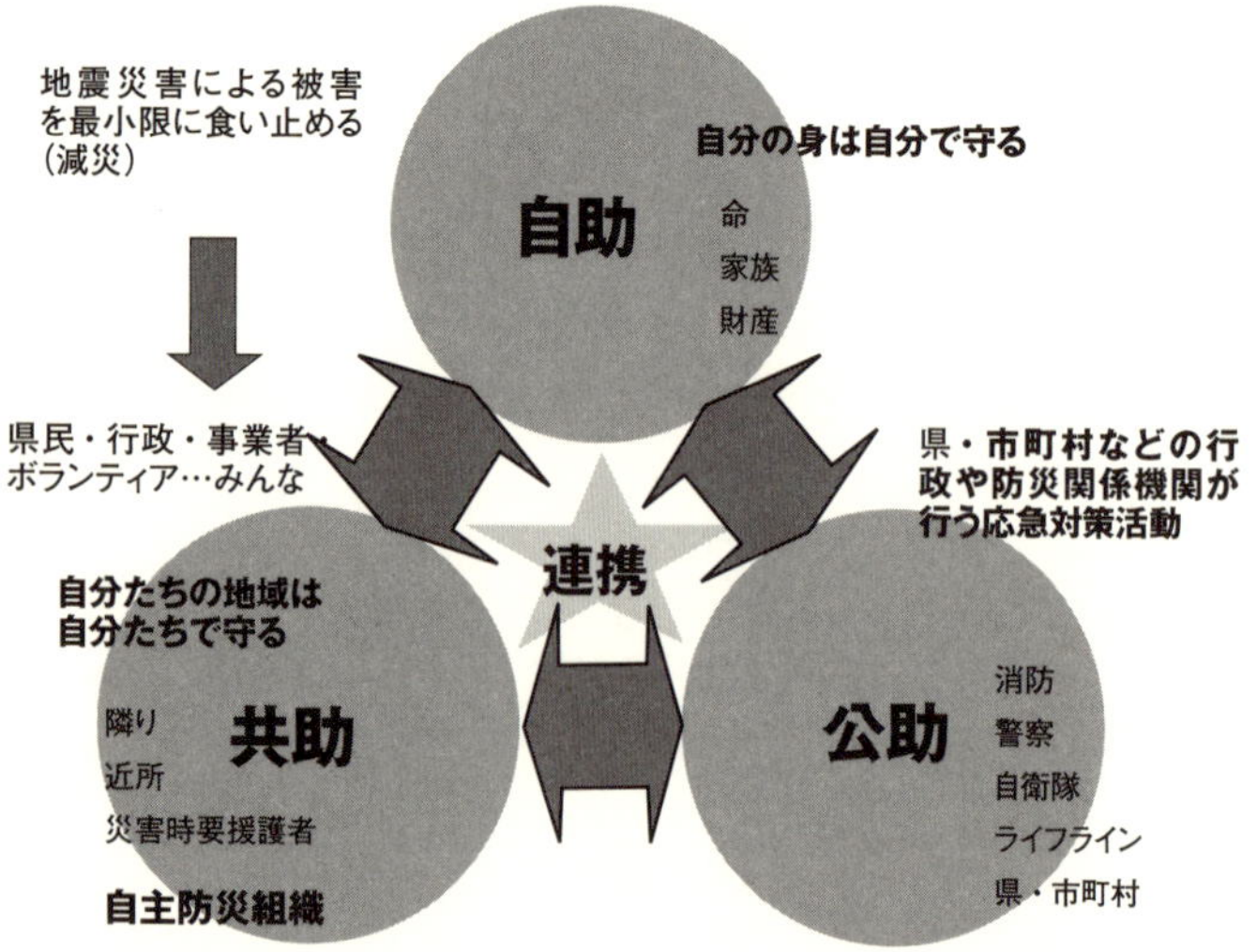

出典:千葉県 HP「自主防災組織の必要性(自主防災組織参考資料)」より

ある。

です。ところが日本では、この自助、共助、公助という順序や枠組みが壊れつつ

「保育園落ちた死ね」にしても、確かに今保育園不足への対応が遅れ、保育士も不足している状況で、待機児童が、子育て夫婦にとって大きな問題になっていることは間違いありません。しかし、自助、共助、公助という観点から整理しないと問題の本質は見えてこないのも事実なんですね。

そもそも保育園は児童福祉法に基づく制度で、公助であって共助ではない。つまり、両親とも共働きであるなど、何らかの社会事情がある人たちに向けて行われる社会福祉制度が、公助のシステムである保育園です。

次に、乳幼児や小学生などの子供を持つ主婦などを会員として、子供の預かり援助を受けたい会員と、援助をしたい会員が、相互援助を行う各地域の「ファミリーサポートセンター」が、いわば子育てに関する共助のシステム。

最後に自分でお金を支払える人たちは、自らベビーシッターを雇ったり、割高な無認可保育園に入れたりしていますが、それが自助です。

ちなみに、幼稚園は学校教育法に基づく教育制度であり自助です。したがって親

の代わりに子供たちの面倒を見る公助の保育園とは役割が違います。ところがそれらをごちゃごちゃにして議論が行われているのです。

社会保障と税金のあり方は、「公平性」と「受益者負担」が原則です。つまり税負担はできる限り公平でなければならず、また社会保障におけるさまざまなサービスによって利益を得た人が、それに応じた負担を行わなければならない。

ですから、社会保障についてあらためて考える場合、この公平性と受益者負担の原則に従って、いかに財源を確保するのか、また現在の日本社会に必要とされている公助にふさわしいサービスをどう提供していくかという、収入と支出のバランスが取れた議論が必要なんですね。

ところが、旧民主党政権時代に、幼稚園と保育園を一体化した「認定こども園[23]」が創設され、その過程において、保育園と幼稚園の意義とが、混同されて語られるようになってしまったのです。

そのため、待機児童の問題や保育園のあり方の問題が、受益者負担の原則を離れて、印象論で語られてしまっているのです。

これは日本においてすべての問題に通じる姿勢です。

メディアも良くないのですが、ヨーロッパではどうだとか、北欧ではどうだとか、「いいとこ取り」をしてきてもてはやす。それを真に受ける国民がいる。実際は、高福祉なら高負担は仕方ない話なんです。けれども高福祉で低負担というのがあり得るかのようにね。そんなのはできるわけがない。

そういう議論をまったく無視して、先ほどの利権特権の話もそうですが、そこに介入した政治ゴロたちが、他人が持っているパイを奪うというだけのために利用するというような構図になっているんですね。

安倍首相がなしとげた史上初の社会実験

渡邉　どうしてそういうことになってしまうかというと、やっぱり、基礎的な知識が明らかに足りない。

一番良くないのが学校教育なんです。日本の学校教育ではお金は汚いものとして扱って教えているんですね。けれども、お金は必要な道具なのであって、そこをまず変えていくところから始めないといけない。

ルサンチマンを単に吐き出すだけとか、目先のうまい話に飛びつくだけという人が増えていくだけですからね。

三橋　お金について言えば、そもそもお金自体に価値があると思っている時点で間違っていると思う。もともと貨幣というのは、債務と債権の記録ですから。日本銀行券は、日本銀行の債務です。銀行預金は、銀行の債務。

今の日本の問題というのは、もっと大きな話で、たとえば一・二兆円、毎年、社会保障支出が増えるという。その何が問題なのか。支出が増えるならば、その分、税収を増やせばいいでしょう。

一・二兆円の税収を増やすのは、結構、簡単です。名目GDPで三%成長すれば済む話なのです。税収は名目GDPと相関関係にあります。名目GDPが三%成長すれば、税収は少なくとも一・五兆円は増える。

「とはいえ、名目GDPが成長しないのが問題でしょう」と反論されそうですが、名目GDPが増えないのはデフレだからです。というわけで、デフレから脱却するために需要を拡大しなくてはいけない。ところが、「日本には金がない」だの「これ以上、国の借金(24)を増やすのか」と言われる。仕方がないので日本銀行の量的緩和ということになる。

私は安倍政権の経済政策はほとんど評価していません。国民の実質賃金を下げ続けているから。

でも、一つだけ決定的に素晴らしい人類に対する貢献を安倍総理はした。それは、三〇〇兆円ものお金を四年間で発行しても、同時に財政を緊縮してしまうとインフレ率は上がらないことを証明したのです。

分かりやすく言えば、お金を発行するだけではデフレを脱却できないということを証明したんですよ。人類史上初です。ここまでや

日本政府の実質的な負債の推移

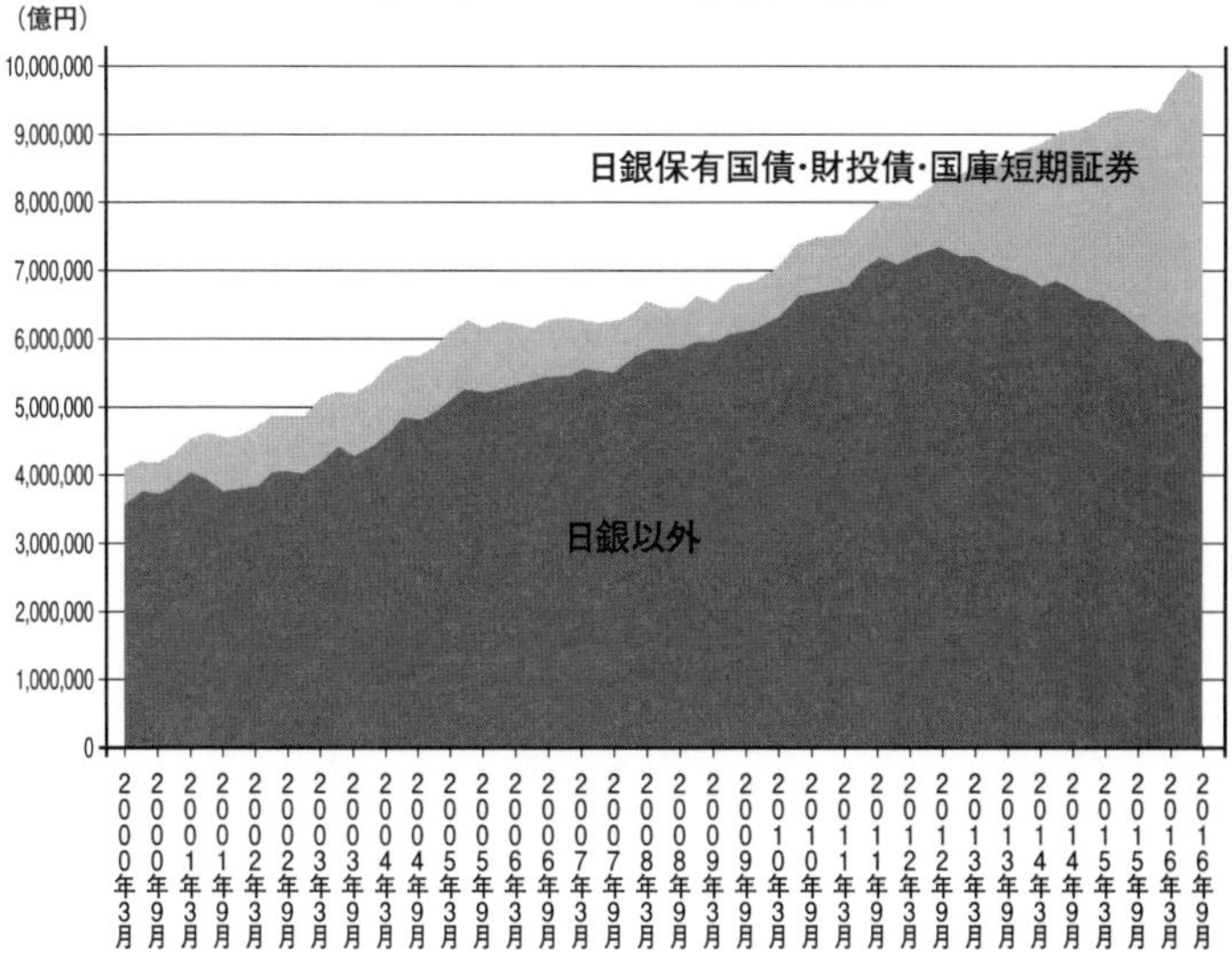

出典：日本銀行より

ったバカな国はないから（笑）。普通、お金をどんどん発行している最中に緊縮財政はやらないですよ。

日本銀行が国債を買い取り続け、日本政府が一応は返済義務がある国債、それがもう一五〇兆円も減りました。実は安倍総理は、日本史上最も政府の借金を減らした男なんです。

なぜこんなことになるかというと、日本政府が通貨発行権を持っているからです。当たり前の話ですよね。

日本政府の財政破綻の可能性がゼロである以上、デフレの時期に社会保障の支出が増えていくことに大騒ぎする必要は全然ないのです。まずは普通に

当面の長期国債等の月間買入予定（利回り・価格入札方式）

	残存期間		1回当たりオファー金額	現時点で予定している日程
利付国債（物価連動債、変動利付債を除く）	1年以下		500～1,000億円程度	月2回程度
	1年超5年以下	1年超3年以下	3,000～4,000億円程度	3月1日、10日、15日、21日、29日、31日
		3年超5年以下	3,500～4,500億円程度	
	5年超10年以下		3,500～5,500億円程度	3月3日、8日、13日、21日、29日、31日
	10年超	10年超25年以下	1,500～2,500億円程度	3月3日、8日、10日、15日、23日
		25年超	500～1,500億円程度	
物価連動債			250億円程度	月2回程度
変動利付債〈偶数月〉			1,000億円程度	隔月1回

出典：日本銀行より

政府が国債を発行して、財政出動でデフレギャップを埋める。日銀が国債を買い取り、金利を抑制し、デフレを脱却しなさい。財政の中身は何でもいいから、とにかくデフレを脱却する。すると名目GDPが増えるため、一・二兆円程度の税収はすぐに増えていく。社会保障費の問題も消えるでしょう。

この単純で美しい道筋があるにもかかわらず、「国の借金を増やすのはダメだ」と言われる。根っこの所で、いわゆる「国の借金」問題というのが妨害してしまっているんです。

日本は財務省の「国の借金プロパガンダ」で滅びるのです。

「国の借金」というプロパガンダ

三橋　そもそも「国の借金」という言葉が変です。国の借金ではなく、「政府の負債」です。しかも、日銀が国債の買い取りをやれば、国債が貨幣になり、政府の負債は実質的に消える。国債の貨幣化です。

ですから、中央銀行による国債買い取りは、外国では「国債のマネタイゼーション(25)(貨幣化)」と呼びます。実際に、貨幣化なのだから、当然です。

ところが、中央銀行の国債買い取りを主張すると、その度に「それは財政ファイナンスだからいけない」と反論されるのです。

財政ファイナンスって何なのでしょうか？「財政」を英語でいうと「Finance」ですから、「Finance Finance」なんですよ(笑)。

日銀が国債を買い取ると、政府の負債は実質的に消え、返済不要になる。そういう事実を知られたくない誰かが、「財政ファイナンス」という、何となくおどろおどろしい響きをもたらす言葉を考えて広めている。政治家も、本当に「財政ファイナンスはダメだ」と言ってきますよ。

それに対し、「先生、財政ファイナンスって何ですか?」と聞くと、答えられないのです。それはそうですよね。ファイナンスファイナンスですから。

渡邉 そういう言葉を誰かに吹き込まれたのかな(笑)。

三橋 「国の借金」や「財政ファイナンス」、そういうレトリックを考えて、日本を緊縮財政に持っていこうとするプロパガンダがあるわけですよ。大元は財務省なんですが。

この種のプロパガンダについて、日本国民は知らないといけないと思いますよ。我々は「国の借金」と聞いたら、反射的に「借金か、大変だ」と思ってしまう。あるいは「財政ファイナンスは、よく分からないけど、いけないことだ」と思ってしまうんです。

渡邉　これはいつも言うんですが、悪質な経営コンサルタントがよくやる手ですね。横文字言葉は本質をごまかすために使われる場合が多い。そして、みんな理解したつもりになってしまうのです。

三橋　正確に訳してくれれば、いいんですよ。マネタイゼーションは、国債の貨幣化でいいじゃないですか。ガバメントデットは、国の借金ではなく政府の負債。

渡邉　ちゃんと訳さないんですよ（笑）。

三橋　正しく訳すとマズい。真実がバレちゃうから（笑）。

ルサンチマンは世界をどう変えるのか

三橋　財政破綻《はたん》論の蔓延《まんえん》に加えて、危険なのがルサンチマンが蔓延しやすい土壌になっていることです。デフレが長引いたせいでね。これは先ほども言った通りです。

渡邉　これは日本に限ったことではないのです。

三橋　韓国などは、まさにそうですね。韓国では、低所得者層の実質賃金(26)が、一年前に比べるとマイナス一〇%ぐらいになっている。だからみんながルサンチマンを溜め込んでいて、そこで「朴槿恵《パククネ》大統領と崔順実《チェスンシル》が不正に癒着していた」ということで、一気に反朴槿恵運動が盛り上がったんです。

どこの国も同じです。トランプ大統領が誕生したのにしても、ルサンチマンです。多くの国民がグローバリズムに不満を持っており、そこでトランプは露骨にメキシコを攻撃したじゃないですか。「メキシコ国境に壁を造れ(27)」と言った。昔だったらば、差別主義者だ、レイシストだと言われて潰されたでしょうが、今はそれで勝っちゃうという時代。だから逆に危ないと思うんですね。

国民のルサンチマンを、史上最もうまく使った政党はどこだと思いますか。国家社会主義ドイツ労働者党ですからね。つまりは、ナチスです。

ナチスが躍進した当時、ドイツの失業率は四三%に達していました。

渡邉　韓国について言うと、二〇年前、一九九七年のアジア通貨危機(28)で、中小零細企業が潰《つぶ》れてしまい、「財閥でなければ人にあらず」という社会構造ができていた。そこに財閥から金をもらっている崔がいて、朴槿恵がいて、莫大《ばくだい》な金が動いている。これまでの財閥に対する不満も朴槿恵に向かうことになった。すべてに対する不満を朴槿恵攻撃で解消しているだけなんですよ。

ちなみに、グローバリズムと財閥支配で中小企業が潰れていった典型というのがろうそく屋さんです。今の韓国は国産でろうそくを作れないんです。だから、ろうそくデモが起こると日本のろうそくメーカーに特需が起こるそうです（笑）。

三橋　韓国は大統領選挙を一年以内にやるでしょう。下手をすると、李在明《イジェミョン》(29)が勝つと思う。韓国のトランプといわれている。それはもちろん、バリバリの反日です。

しかも、国民を煽るのが大好きという人なんですけどね。

日本でも橋下徹、あるいは小池百合子を見ていると、ルサンチマンに基づく政治が広まっているのが分かります。だから私は、申し訳ないんだけど、たとえば農協について「既得権益」と言う人とか、医師会も「既得権益」だとか言う人たちは、全員が危ないと思う。なぜかというと、ルサンチマンを煽って攻撃させたいという、政治的な意図が見えるからです。

「何か別のことをやりたいんだろう、お前は」というのが見え見えなんですよ。政治家にしても、小池百合子が典型だけれども、オリンピック委員会を敵に設定して、都民を煽ってワイドショーでヒロインみたいな扱いをさせる。とはいえ、結局は自分の政治力を上げるという目的でしかない。

渡邉　選挙に勝つための道具として使うのは仕方がない。選挙に勝ってから何をするかが重要なわけで。その時に小池さんは完全に舵取《かじと》りを誤りましたよね。築地問題やオリンピック会場の問題が典型的ですが、落とし所をつくれていない。本来、政治というのは、落とし所というのが一番大切なのです。壊すだけ、批判するだけならバカでもできる。それでは反対のための反対をする野党と何も変わらない。

三橋　もう一つ、ルサンチマン手法について付け加えたいのが、豊洲《とよす》問題です。あれはもう典型といっていい。

豊洲の中央卸売市場の建設手法の特徴は、盛り土もやりましたが、建物の下にちゃんと地下室、地下ピットを造っていることにあります。モニタリング空間と呼ぶんですけど、あそこに汚染水を染み出させるわけです。それを外に排出すれば、上の建物に来ない。盛り土よりも安全なんです。

盛り土の場合、汚染水がコンクリートを突き抜け、売り場まで行く可能性がある。だから、地下ピット方式のほうが安全なんですよ。ところが、そういう説明を小池さんがしないで、それで「地下空間が発見されました」みたいな報道がなされて、東京都庁を攻撃し始めたんです。

実は、地下にモニタリング空間があるほうが安全であると分かった時に、東京都民はどうするのか。あるいは、散々批判していた人はどうするのか。

必ずこう考えるんです。「いや、自分は悪くない」と。「自分は騙《だま》されてもいないし、間違ってもいない」と。「確かに盛り土よりも地下ピット方式の仕組みが安全かもしれないが、それをちゃんと東京都の職員たちが説明しなかったから悪いんだ」……という感じの発想になるわけです。

それで、最終的には東京都の職員がよく分からないままに処分されてしまった。わが国の政治は狂ってますよ、この点においては。

渡邉　原発問題とまったく同じやり方でね。

共産党が主導するやり方って、ルサンチマンを煽って、そこに疑念を抱かせて、懐疑心でものを壊していく、いろいろな制度を壊していく。これが共産党のやり方で、共産党の方法論にそのまま乗ったのが小池百合子なんですよ。

このやり方は絶対に混乱しか招かない。すべてにおいてそうなんですが、代替案を作っておいて、これがダメだった場合、ここに落とすために何々をすればいいというのならいいんですよ。そうではなく、単に壊す、邪魔をするだけでしかないので、生産性のある考え方がない。代案路線を取ると民進党も言っていますが、何一つ代案が出てきた試しがない。批判しかしない。

本来だったら、第二章で話したカジノ問題だって、いくつも議論できるところがあるはずです。たとえば公設民営にするか、民設民営にするのか。さまざまな議論の要素があるんだけれども、本来この個別の議論をしなくちゃいけないのを印象操作だけでYESかNOかに持っていってしまう。全部が良いとか悪いとかじゃなくて、「ここの部分のこれは悪い」「ここは良い」と個別に議論していかなくてはいけないのを、すべてYES、NOで切る単純な劇場型政治に今なりかかっている。

これは選挙制度の問題でもあるんです。小選挙区制(30)をまずやめないと、今のこのルサンチマン型の劇場型政治っていうのは終わらない。なぜかというと浮動票を積み上げなくてはいけないので、小選挙区制においてはルサンチマンがよく効くんですよ。

三橋　効きますねえ。本当に効きます。

小選挙区制と憲法改正

渡邉　小選挙区という制度そのものがルサンチマンをはびこらせる性質を持っている。だから小選挙区制をやめて、まず中選挙区に戻す。

本来、自民党でも右派、左派、グローバル派、いわゆる民族派と、国会議員はそれぞれスタンスが違うんです。それがどうしても、相対的な数を取らなくちゃいけない。当然、後は選挙協力している公明党側のリベラル的な政策も入れ込んでこなくちゃいけない。同盟国であるアメリカの政策ももちろん取り込まないといけない……という中で、ですね、全部をちょっとかじったような選挙公約になってしまうんですね。

これを中選挙区に戻すと、それぞれの議員が特徴のある主張ができるようになる。

それを選挙民が選べるようになるわけですよ。まずそこから始めないと今の議論は進まなくって、これをやるためには憲法改正しかない。憲法改正でとりあえず九六条を壊せば、中選挙区に戻せるようになる。

三橋 そもそも中選挙区から小選挙区にした時は、憲法改正してないじゃないですか。法律を戻せばいいだけです。なぜ、憲法改正の必要があるんですか？

渡邉 今のいわゆる政治制度、憲法九条の問題、国防問題も含めた中で一番大きな問題というのが、アメリカによって作られた個人の財産権と公共の福祉の制度です。公共の福祉が日本の法制度上弱いので、公共の福祉と個人の財産権などがぶつかった場合に個人の財

「日本国憲法第十二条改正草案」対照表

日本国憲法改正草案	現行憲法
（国民の責務） 第十二条　この憲法が国民に保障する自由及び権利は、国民の不断の努力により、保持されなければならない。国民は、これを濫用してはならず、**自由及び権利には責任及び義務が伴うことを自覚し、**常に**公益及び公の秩序に反してはならない。**	第一二条　この憲法が国民に保障する自由及び権利は、国民の不断の努力によつて、これを保持しなければならない。又、国民は、これを濫用してはならないのであつて、常に公共の福祉のためにこれを利用する責任を負ふ。

出典:「自由民主党　平成二十四年四月二十七日（決定）」より

産権が優先してしまう。成田空港開設時における三里塚の問題などがそうですね。何十年かかっても答えが出ない問題が多々発生しているわけです。

震災から復興したくても、個人の財産権が一部でも残っていると強制代執行するために三〇年かかる、といったことになるわけですね。これが憲法上の問題でもありまして、これを変えるには公共の福祉の部分を改正すればいい。憲法九条の問題は実を言うとデコイの部分が大きくて、公共の福祉と個人の権利の力関係を変えるというのが非常に大きなポイントになってきます。

三橋　分かりました。だから憲法を改正するためにも、九六条の三分の二を二分の一にしておかないと小選挙区を変えられないということですね。中選挙区にしたらもう憲法を変えられなくなってしまう。

渡邉　そういう意味です。

三橋　私は、個人的に憲法九六条の改正には反対なんですけどね。私はもちろん憲法改正派ですが、今は反対です。

渡邉　憲法九六条さえ変えればいいんだと思います。

三橋　九六条を変えて、それで構造改革的な憲法改正、あるいは緊縮財政的な憲法改

「日本国憲法第九十六条改正草案」対照表

日本国憲法改正草案
第百条 この憲法の改正は、 **衆議院又は参議院の議員の発議により、** 両議院のそれぞれの総議員の**過半数**の賛成で 国会が議決し、 国民に提案してその承認を得なければならない。 この承認には、 法律の定めるところにより行われる 国民の投票において **有効投票の**過半数の賛成を必要とする。 2 憲法改正について前項の承認を経たときは、 天皇は、 直ちに憲法改正を公布する。

現行憲法
第九六条 この憲法の改正は、 各議院の総議員の**三分の二以上**の賛成で、 国会が、これを発議し、 国民に提案してその承認を経なければならない。 この承認には、 特別の国民投票又は国会の定める選挙の際行はれる 投票において、 その過半数の賛成を必要とする。 ② 憲法改正について前項の承認を経たときは、 天皇は、国民の名で、この憲法と一体を成すものとして、 直ちにこれを公布する。

正が次々に行われるようになるという、そういう未来が予想できるわけですよ。申し訳ないけれども。

最悪なのが、憲法九六条は改正したけれども、小選挙区から中選挙区に戻せませんでした、という結末になった場合。その場合、メディアの「風」で過半数を取った政党が、憲法改正の発議をできてしまうわけでしょう。

そうなった時、憲法がまともな方向に改正されるとは全然、思えないですね、今の状況では。少なくとも日本の政界の中心というのは、グローバリストと、お花畑の地球市民たちで占められている。この状況で憲法改正を容易にすることが、本当に善なんですか？　と言ったら、私は違うと思う。

渡邉　憲法改正が何度でもできる状況になれば、間違った憲法も改正できるのでは。

三橋　もちろんそうですが、力関係としては、現在は明らかにグローバリズムのほうが勢力を持っているわけです。

そもそも今日話しているような国民を中心にした経済政策の議論とか、あるいは政策の議論が、まったくなされてない状況なんですよ、わが国は。この状況で憲法を改正しやすくしてどうするんですか？　私は憲法の三分の二条項が、逆に防波堤になってくれていると思いますよ。

私は憲法を改正するべきだと思いますが、今の状況じゃとてもできない。九条については、絶対にやっちゃダメ。なぜかと言うと国民が真っ二つに割れるから。ならば、対中国の安全保障はどうするんだ？　という話なんだけど、それは法律で対処するしかないですね。

渡邉　ひっくり返して言えば、もし中国なりとの戦争に日本国民が巻き込まれることがあれば、必然的に憲法改正は通る。後先論になってくるんだと思うんですね。ルサンチマンの蔓延という話も、世界的な反グローバリズムの潮流という、今日の最初の話につながってくる。

三橋　ただ、日本については、「周回遅れのグローバリズム」とでも言うべき、とても心配なことが起きつつある。それを次章で話しましょうか。

【注】

(22) 二〇二〇年東京五輪・パラリンピックの三会場の見直しは結局、会場の移転は実現せず、「小池流」に振り回された競技団体や自治体には不信感の一方で、計四〇〇億円以上のコスト削減にはつながった。
（23）『子ども・子育て支援新制度』とは、二〇一二年八月に成立した「子ども・子育て支援法」、「認定こども園法の一部改正」、「子ども・子育て支援法及び認定こども園法の一部改正法の施行に伴う関係法律の整備等に関する法律」の子ども・子育て関連三法に基づく制度。幼保連携型認定こども園は、認可・指導監督を一本化し、学校および児童福祉施設として法的に位置づけた。
（24）借金一〇〇〇兆円、国民一人当たりに直すと八〇〇万円という。この借金は政府の負債だが、それを自分の子や孫に背負わせていいのか、と財務省はプロパガンダを流す。借金を返すためには増税が必要だ……これが財務省が一九八〇年代の頃から、繰り返してきたもの。しかし、実質は政府の資産を勘定に入れてないし、連結すれば二〇〇兆円程度。
（25）「国債のマネタイゼーション」とは、政府の発行した国債を中央銀行が直接引き受けること。中央銀行による国債の直接引き受けは、財政赤字の穴埋め措置であり、政府の財政節度を失わせ、悪性のインフレを招くために好ましくないとされている。現状、日本では国債のマネタイゼーションは財政法第五条によって原則禁止されている。
（26）国税庁によると、韓国の給与労働者の平均年収は七六八〇万ウォン（約五八〇万円）程度。といっても、かなり格差がある。実質はもっと低いことが推測される。年収は大手企業のみからの平均算出となるため。清掃関連会社勤務の方で月収が約七万円くらい。しかも、高齢者の貧困層が多いことで知られている。

(27)トランプ大統領はかねてからの公約通り、二〇一七年一月二五日には、メキシコとの国境沿いに壁をただちに建設するよう連邦政府に指示する大統領令にサインしている。物理的な壁の建設のみでなく、国境を警備する職員を追加で五〇〇〇人雇い、国境近くに不法移民の収容施設も整備するなど、「壁」を実際に機能させるための施策を含めて指示している。また、同日大統領はテレビのインタビューで壁の建設が数カ月後に始まること、建設費用はメキシコが全額返済すると強調している。

(28)「アジア通貨危機」とは、一九九七年、タイから始まってマレーシア、インドネシア、フィリピン、香港、韓国に広がったアジア各国の急激な通貨下落。アメリカのヘッジファンドによる通貨の空売りが原因とされる。

韓国では、通貨危機に見舞われてムーディーズの格付けがA1からA3、さらにBaa2と下落。株式市場は大幅下落し、民間短期対外債務残高が三二〇億ドルまで膨らんだ。日本政府が邦銀に返済繰り延べ合意を取り付けたこともあって韓国のデフォルトは回避され、その後、金大中大統領が海外からの投資受け入れの規制緩和を行うことにより、韓国の国際収支は回復に向かうことになった。

（29）李在明城南市長は、トランプのようなツイッターの直接的な物言いから「韓国のトランプ」ともいわれる。慰安婦問題をめぐる日韓合意の無効化や、日本との軍事情報包括保護協定（GSOMIA）の撤回を主張。反日派として知られる。

（30）小選挙区制は、全国を議会の議員定数と同数の選挙区に分割し、一選挙区から一名の議員を選出する選挙制度。小政党が乱立するより連合して大政党として過半数の得票を得るほうが勝ちやすくなるため、大政党を伸ばす傾向を持ち、政局が安定するといわれている。

一方、中選挙区制度は一つの選挙区から複数人（おおむね三人から五人）を選出する選挙制度で、一九九四年に廃止されるまで大選挙区制非移譲式単記制が採用されていた。

第五章
周回遅れのグローバリズム
——一番の問題は〝人の移動の自由化〟

ここへきて「開国」するのは愚の骨頂

三橋　グローバリズムについて言えば、私は一番の問題はヒトの移動だと思うんです。やる、やらないは別にして、カネの移動は規制することができる。ヒトの移動はコントロールができない。なぜならば、そのヒトがどういう人間かについて、管理ができないから。人間こそが、何をするか分からない。

今の日本では、たとえば二〇一五年も渡邉さんと対談しましたが、その時とは全然違う状況というのが起きているわけですね。それは雇用の改善です。日本の完全失業率は今、三%です。これは、日本経済の絶頂期である一九九五年と同じです。さすがにバブル期よりは少し高いけれども、失業率は二・三%ぐらいまでは下がるでしょう。

今、世界の主要国の中で若年層失業率が一番低いのは、わが国なんです。わが国だけが五%を下回り、他の国は軒並み二桁《けた》です。二〇%、三〇%が当たり前で、ギリシャ、スペインに至っては五〇%です。

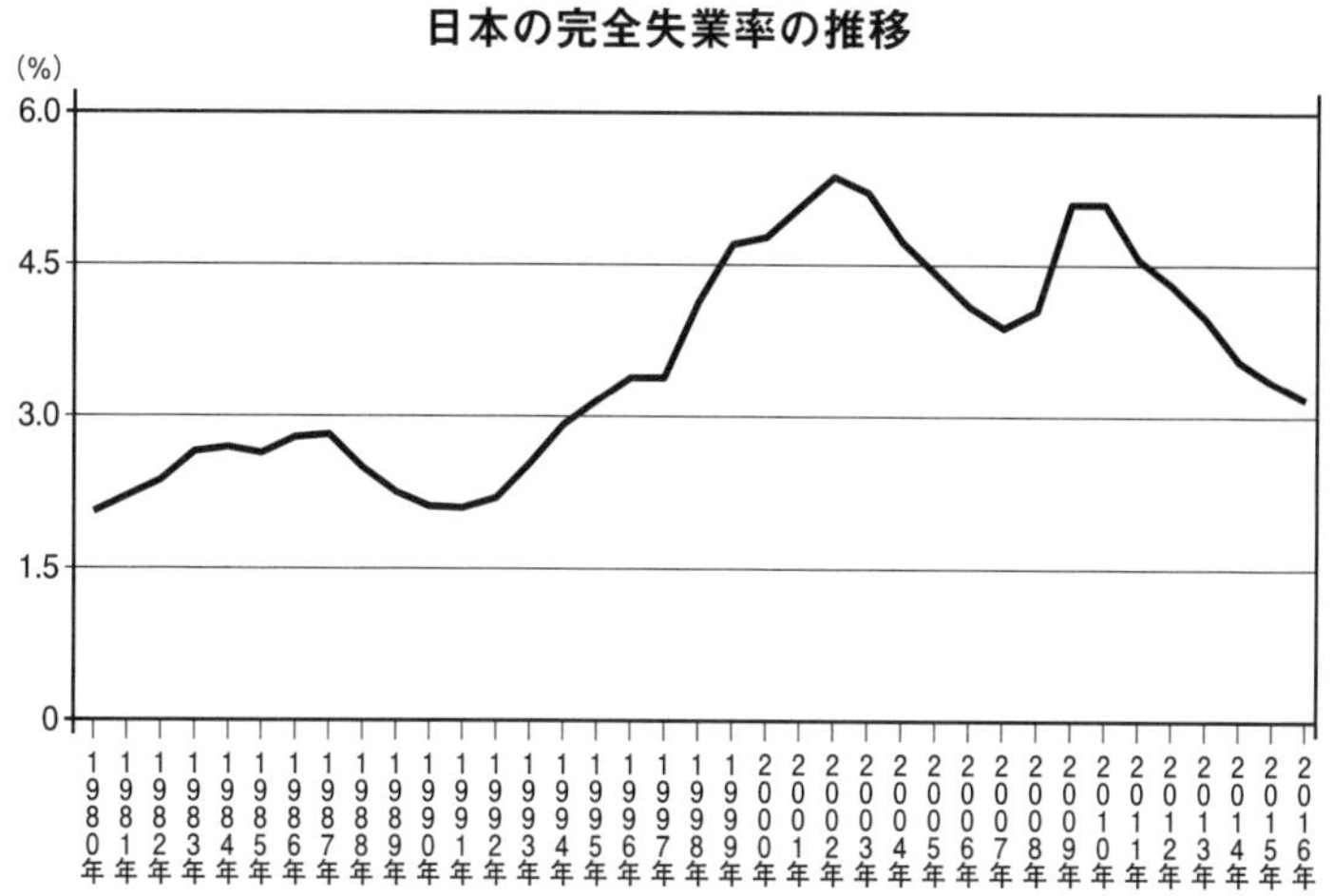

出典：IMFより

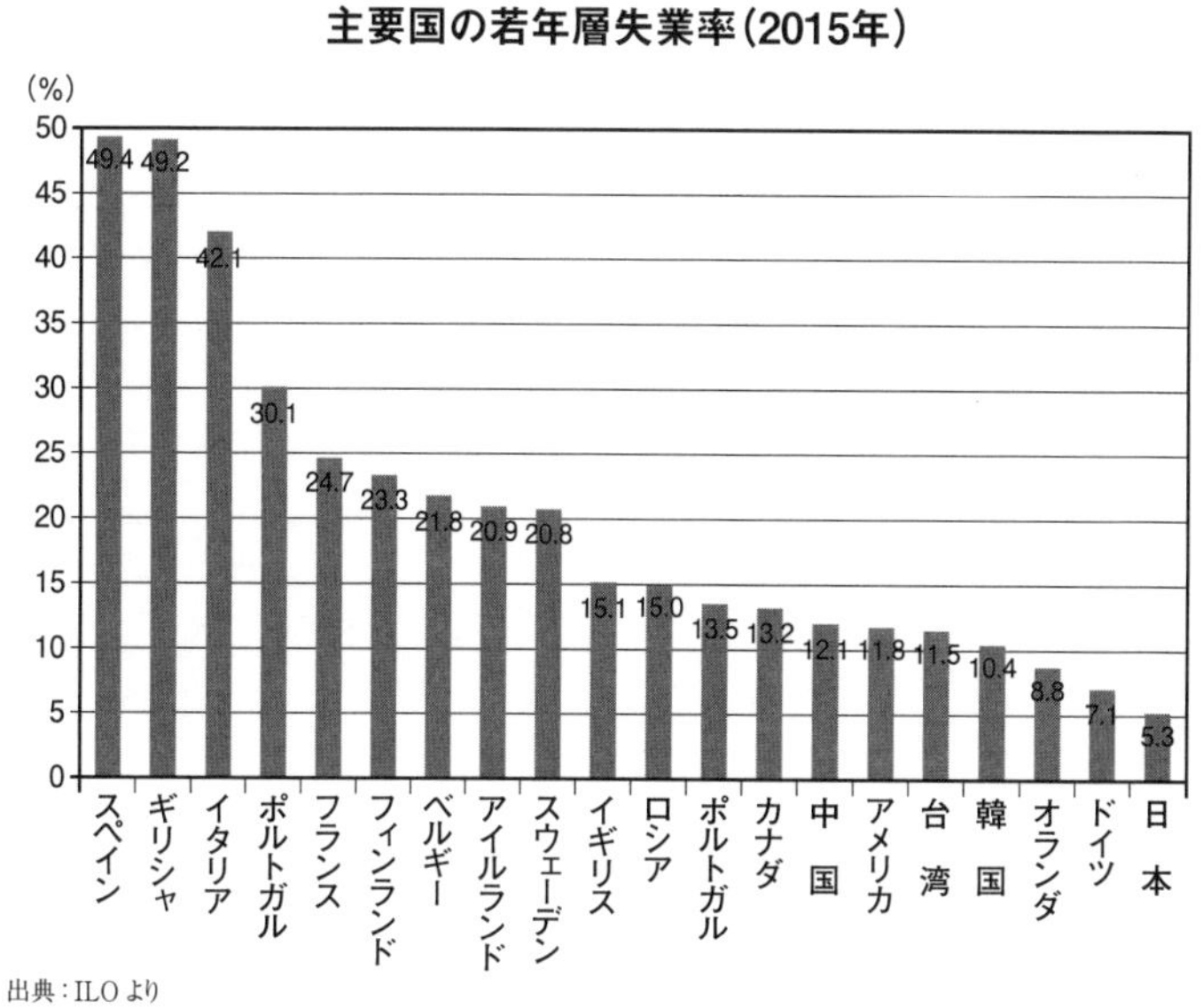

出典：ILOより

なぜ日本の若年層失業率が低いのかといえば、もちろん安倍政権の経済政策の効果ではありません。人口構造的に、総人口が横ばいで生産年齢人口の比率が下がっているんだから、雇用は改善するに決まっている。

今後も雇用が改善していった時に、もしもわが国がヒトの移動の自由化というグローバリズムを推進したらどうなるか。世界中から経済移民が殺到しますよ。何しろ、日本にしか雇用がないんだから。実際、もう韓国の商工会議所は日本で働こうキャンペーンをやっているわけです。

安倍政権は、この状況でありながら、

生産年齢人口比率（15〜54歳）の推移

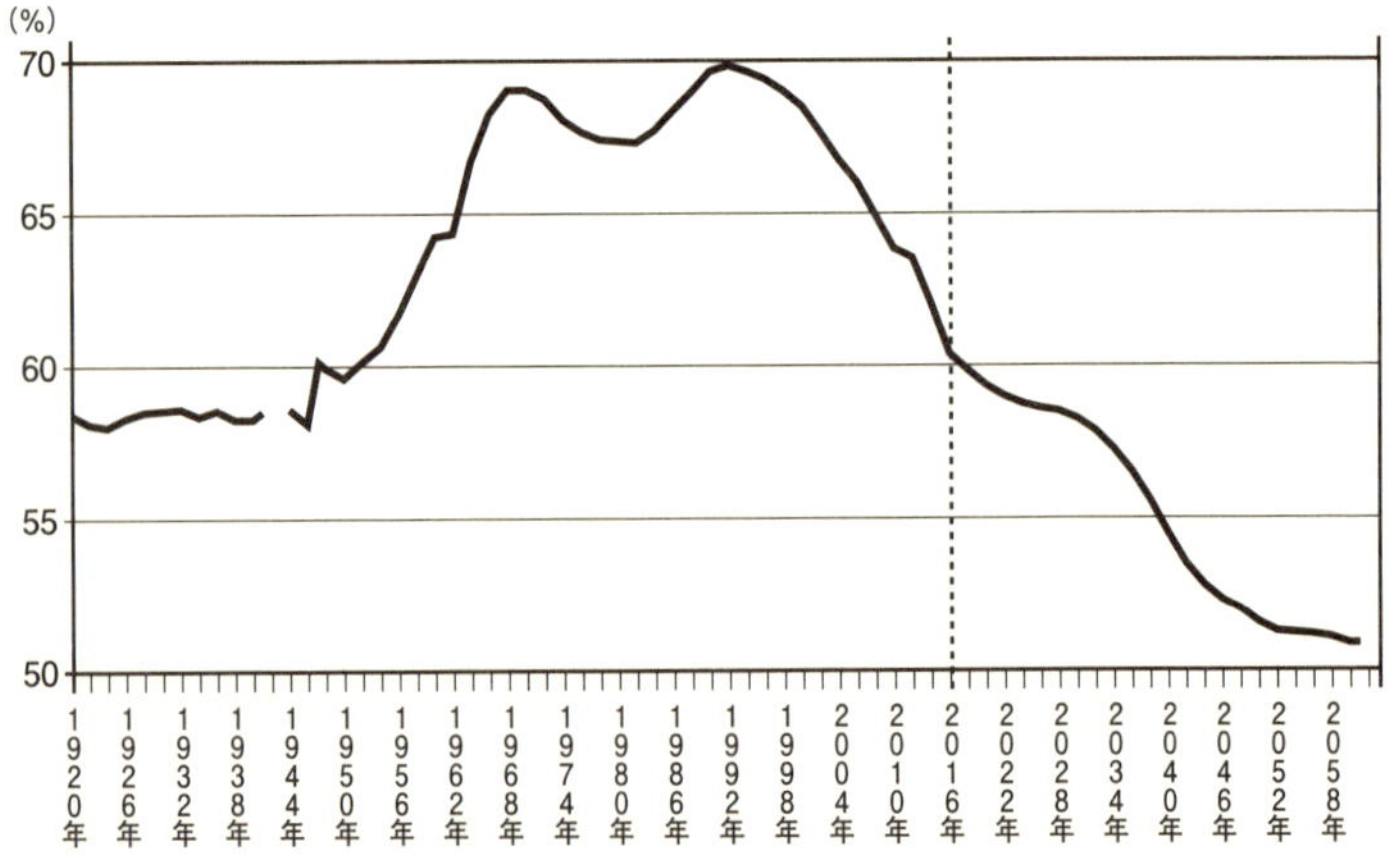

出典：総務省統計局「人口推計」より

なぜか外国人労働者の受け入れ拡大の方向に、猛烈な速度で走っている。

外国人労働者を入れるルートは主に三つあり、一つ目は技能実習生[31]の拡大。特に介護分野です。今までも介護分野はＥＰＡ[32]（経済連携協定）でインドネシアとかフィリピンから入れていましたが、逆に言えば国籍限定だった。今度は国籍条項がない技能実習生になるため、当然、中国から大量に入ってきます。

二つ目が、特区をつくり、そこに外国人労働者を堂々と入れようというもの。どの産業から入れるかというと、いきなり農業です。

耳を疑いましたね。食料安全保障の根幹を外国人に担ってもらうというのですから。これも中国人がメインになるのは間違いないでしょう。

三つ目が高度人材[33]外国人。高度人材に対して、今まで五年間居住しなければ永住許可を与えなかったのを、一年にするというのです。

安倍総理がよく分からないのは、二〇一五年一〇月、総理がニューヨークで演説した際には「高齢化はボーナスです」と発言しているんです。高齢化によって、我々は人手不足にならざるを得ない。だからＡＩ（人工知能）やドローンへの投資、生産性向上のための投資をやらざるを得ない。それが経済を成長させるから、高齢化はボーナスだと。その通りです。私がいつも言っていることです。……と思ったら、その直後に、高度人材に対するビザのグリーンカードの取得までの期間を世界最短にしますと言うわけですよ。どっちをやりたいんだよ、と思わずつっ込みたくなりました。完全に矛盾した政策を両方やろうとしているんです。

今思えば、デフレ対策も金融政策もやるし、緊縮財政もやるし、構造改革もやるし、ということで、さまざまな政策を一遍にやろうとしているんです、方向性が違うにもかかわらず。安倍総理は、そういう傾向があるのかなと最近は思ってしまう。

渡邉　「高齢化がボーナス」というのは、投資家向けのイベントということで、リップサービスの部分はあったのかな? 投資をさせなきゃいけないわけですから、そこで言うのはポジショントークとしては間違ってはいないんですよ。おいしいところだけ並べればいいんですから、そこでは。

ただし、本質的な問題としては、日本はヨーロッパとどう違うか、なぜグローバル化が進まなかったかというと、島国であったということ、単純にそれだけのことなんですね。

それを、ヨーロッパで失敗したグローバル化の政策をわざわざ日本でやる必要はないわけです。

総理の周りにいるブレーンといわれる人たちには、構造改革派の新自由主義者もいれば、保守的な人もいます。この人たちが言ってくることを、おいしいところだけ並べてくるので、基本的な筋が見えない。言っていることが、方向性がまったく真逆でも、それぞれは正しいので、個別論としては正しく聞こえる。

三橋　「構造改革派」の代表は言うまでもなく竹中平蔵氏ですが、急先鋒《きゅうせんぽう》は経済産業省です。経産省は第二次安倍政権と結び付くことで、長年の望みである電力自由化やTPPなど、「規制緩和」「民営化」「自由貿易」といった構造改革政策を実現しようとしていたのです。

このことをよく理解していない読者が多いと思うのですが、日本で構造改革を主導しているのは経済産業省なんです。民間企業のほうは、必ずしも構造改革路線を支持するとは限りませんから。

アベノミクス三本の矢「金融政策」「財政政策」「成長戦略」のうち、実は私が個人的に最も懸念を抱いているのは、あまりクローズアップされることがない「成長戦略」なんです。「成長戦略」にかこつけて、日本のデフレを「促進」する規制緩和、自由化、TPPなどの構造改革を推進しようとする日本人が存在しているわけで、極めて問題です。

経済産業省の官僚たち、および竹中平蔵氏や第二章でふれた規制改革推進会議の民間議員である大田弘子氏などです。

そもそも構造改革とは、政府の規制（というより「法律」）を緩和、撤廃し、競争を激化させることで「潜在GDP」の成長を目指す政策です。

潜在GDPとは、日本経済の工場や店舗、施設、設備、さらに人材などのリソース（資源）が、一〇〇％稼働した場合に生産可能なGDPのことです。つまり、潜在GDPを成長させるとは、日本経済の「供給能力」を高めましょうという話なのであり、これはインフレ政策なのです。

何度も言いますが、デフレの国である日本に足りないのは供給ではなく、需要です。構造改革をし、移民を入れることにより日本人の実質賃金が下がれば、デフレがますます加速する。問題はそこにあるのです。

移民とは、貧しい国から収奪する残酷な制度である

渡邉　ただ、移民問題に関しては移民管理をまずしっかりしていくこと。これは少しづつ機能し始めているんですね。

外国人住民票制度(34)ができ、これによって事実上の通名が廃止されました。外国人住民票カードには就労条件というのが付いていて、月何時間まで、週何時間までというのが全部記載されている。今までは国の直接管理ではなく、市町村管理だったので外国人の労働は把握しきれなかった。いわゆるマイナンバーによって、コンピュータで外国人で不正に就労している人たちが分かるようになった。今までのようにたとえば二つ三つのコンビニを掛け持ちするとか、そういうことで不正就労のために入ってくるような人たちは入れなくなるということです。

三橋　今おっしゃったこと、今、すでにいる移民の方々の管理としては正しいと思いますよ。正しいと思うので、これ以上余計なことをしないで、それだけやっていればいいじゃないですか。

ところが安倍政権は、新たに移民をさまざまな国々から入れるという制度を次から次へ導入しているわけですよ。

渡邉　根本が間違っていて、外国人がいい人だと思っているんですよ。

三橋　それもそうだけど、それ以上に問題なのは、自虐的なんです。たとえば、高度人材を外国に求めるけれども、なぜ日本国内の高度人材を活用する方向に行かないのか。本当に、日本に外国の高度人材に対抗できるような人材がいないんだとしたら、それは教育をきちんとやっていかなければいけないんじゃないですか？　明治の時代には、それをやり遂げたじゃないですか。今になって「お雇い外国人制度」みたいなものを始めようとしているわけですよ、安倍政権は。

渡邉　政治家にもいますけれども、実際のビジネスなどで外国人と折衝してない人たちに見られる傾向として、外国人を恐れているんですよね。また逆もしかりで、憧《あこが》れてもいる。だから対等に交渉できないんです。英語を喋《しゃべ》る、青い眼をしているだけで憧れるとともに、恐れて怖気《おじけ》づいてしまっている。日本のリベラルの人たちに多いのですが、外国人というだけで、特に白人をいい人だと思い込んでいるんです。

その典型が外国人記者クラブに集《つど》う人たちだと思うんです。不良外人記者とそれに寄り添う日本人、見ていて気持ちが悪いです。そして彼らが、間違った日本像を海外に喧伝《けんでん》し、日本人がそれを利用している。

基本的に外国人で海外に住んでいる人というのは、政治的迫害などの本当の難民は別にして、「外国のほうがおいしいから」と言って国を捨てた人です。ある意味、自己中心的な人と言い換えてもいいでしょう。

日本でも移民や投資移民の議論が出ていますが、貧しい国において、移民できる人は、中産階級以上の一定の知識と資産を持った人たちです。その人たちを外国が受け入れることは、貧しい国をより貧しくし、国家の発展を妨げる行為であるわけです。一言で言えば、残された人たちはどうなるのかという話なんですよね。移民というのは、非常に残酷な側面も持っているのです。

三橋　それもそうなんだけれども、もっと怖い問題は日本人が外国に依存することでしょう。特区をつくり、農業を中国人労働者に依存していくことになる。それが全国的に広がれば、どうなるか。本来ならば、生産性を高めて高い給料を払い、日本人で農業をやらなければならないのですが、中国人に働いてもらうわけです。
わが国は、食糧生産を中国人労働力に依存することになってしまう。その時点で、対中国の安全保障的なところが、弱体化せざるを得ないですよね。
　ちょっとおもしろい村が北海道にあります。猿払《さるふつ》村というんですが、信じられないことに人口一人当たりの所得が東京の港区、千代田区に次いで高い。なぜかと言うと、ホタテの養殖と加工で稼いでいる。

渡邉　シウマイで有名な崎陽軒《きようけん》と契約養殖をしていたり、高級なものは築地に卸したりしているようですね。

三橋　今は、それに加えて、中国への輸出も大きいそうです。そのホタテの養殖・加工をしているのは、中国人なんですよ（笑）。技能実習生です。
　これはマズいと思いませんか。労働を中

外国人技能実習生の失踪者《しっそうしゃ》数の推移

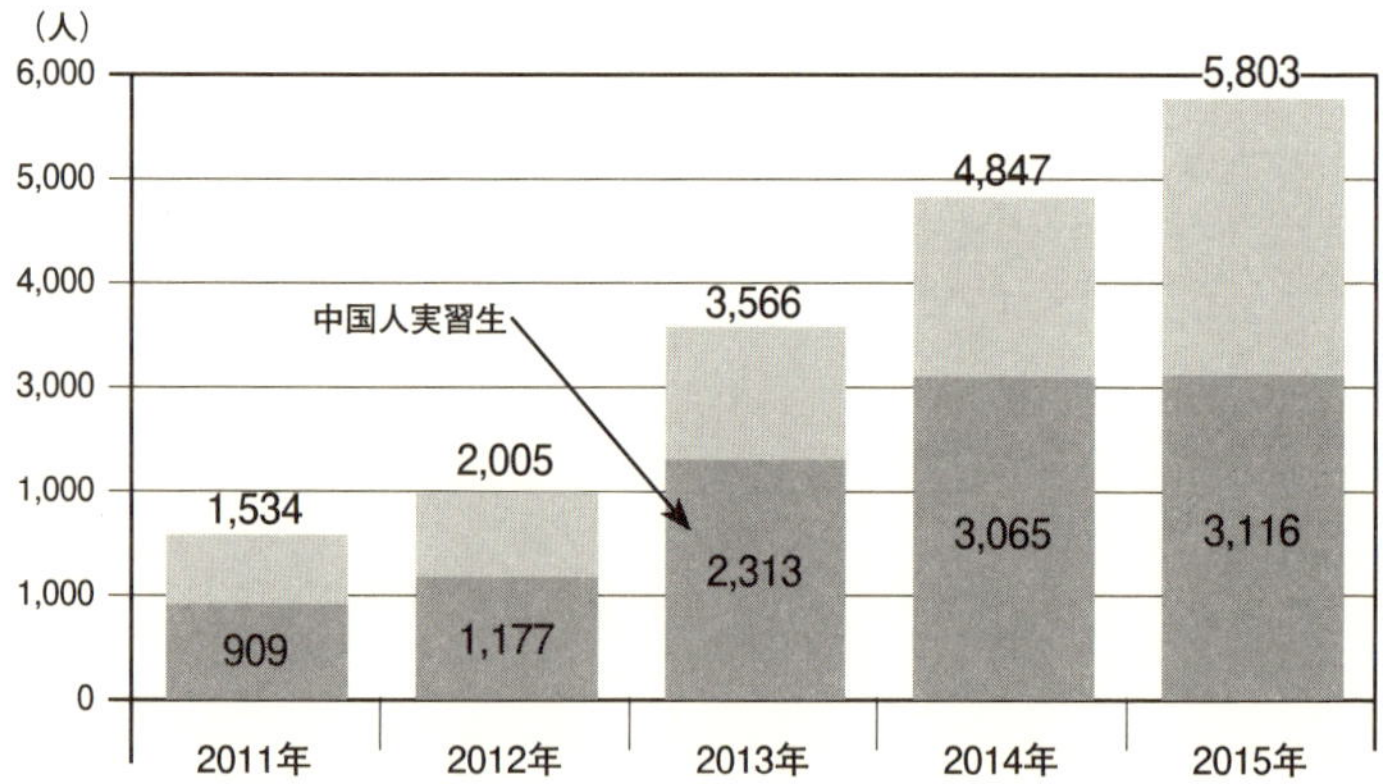

出典：法務省より

国人に依存していく状況が、わが国ではどんどん広がっていく。なぜかと言うと、生産年齢人口比率が低下して、人手不足が深刻化するから。

渡邉　基本的に自由貿易圏ではない国からの技能実習生は廃止すればいいと思います。というのは、その人たちは全部、軍人としての転用が可能な人材でしょ？　中国人には国家総動員法があるんだから。そういう法律がある国からの実習生の受け入れは全部やめればいい。そういう人たちが、たとえ本人にその意思がなくても、家族を人質に捕られて、有事に蜂起《ほうき》を命じられたらどうするのか。

三橋　国籍条項を付けるのが当然だと思うのですが、現実には逆方向に向かうと思う、今の安倍政権を見ている限りは。

高度人材に至っては、極めて優秀な産業スパイばかりですよ。中国の高度人材は、それはもうとんでもなく頭がいい人たちなのですから。

右も左も開国派という絶望的状況

渡邉　アメリカではトランプ政権に代わって、いろいろな分野で産業スパイの撤退排除というのが始まります。たとえばヒラリー・クリントンのクリントン財団のスタッフおよびその後ろで流れていた金は中国系です。そういう人たちが排除されることになるので、世界的なトレンドが変わると思うんですよ。安倍首相も風見鶏《かざみどり》というか、コロコロ変わるので。

三橋 いい方向に変わっていますか？　そうは思えないんだけど。

渡邉 だから、こちらから風を送って変えればいいんです（笑）。

三橋 そのためにはどうするか。

まず、安倍政権は保守政権といわれていますが、実際には保守でも何でもないことを理解しなければなりません。国を開くなんて言っている保守などない、と、批判する必要があるんですよ。あなたはいつも日本は大事だ、日本の文化が大事だと言っているにもかかわらず、実際にやっていることは真逆じゃないですかと。

渡邉 日本で保守と呼ばれる人たちは、要するに親米保守なんですよね。櫻井よしこ氏が代表です。だからアメリカを中心としたグローバリズム的な政策について、むしろ推進に回る。ＴＰＰは日本の主権を失うことが明らかであるにもかかわらず、日本の「保守派」は推進してきたのがいい例です。

保守の反対側はというと、「私たちは地球市民です」などとお花畑的なことを主張していますので、結局は国を開くんじゃないかと。右も左もグローバリスト。これが今の日本です。

ただ、トランプ現象を見ていて分かったのは、アメリカも同じなんです。アメリカにしても、右も左も両方がグローバリストです。どちらでもない国民が、実は多数派であり、彼らの票を取ろうとしたのがバーニー・サンダースであり、ドナルド・トランプだったというのが昨年の大統領選だったと思うのです。

渡邉　ヨーロッパもそうですね。

右左の議論で、保守だとかリベラルだとかいう分け方で語ってしまうと、この問題は難しくなって絶対に解決しない。

簡単に言うと、もともとそこに住んでいる人とエイリアン（異邦人）の戦いでしかないんですよ。トランプ現象もそう。メディアはヒスパニックとか黒人とか、肌の色や人種で分類したがっていますが、実は従来の国民と移民の争いなんですね。ですから、ヒスパニック系のアメリカ人の多くがトランプを支持したんです。逆に、強い反対を示したのは、規制や排除の対象となる非アメリカ人たちだったのです。
ヨーロッパで起きているのも同じことです。ヨーロッパではそこら中でテロが起きて、移民排斥の運動が強まっている。もともとそこに住んでいた人とニューカマーの戦いでしかないんです。
今、日本にいるリベラルといわれている人たちは国境をオープンにしたほうがいいという。ヨーロッパでは実際にドイツのメルケルが「移民を受け入れますよ。どんどん来てください」とやった途端、その間にあった国々を移民がダーッと通過した。これで実際に自分たちの生活に影響が出たので、みんな「移民はいらない」って、ひっくり返したわけですよ。

三橋 ところが、日本は周回遅れで移民を受け入れようとしている。安倍首相自ら、「国境や国籍にこだわる時代は過ぎました」とか言ってしまう。

渡邉 安倍首相の周りにいるブレーンといわれる人たちがね、竹中平蔵氏をはじめ。あの人はアメリカのグリーンカードを持っているだけじゃなくて、フルブライト奨学生でしょう。国籍のない世界でアメリカ主導を理想とする人たちですからね。

三橋 だからグローバリズムでしょう、要は。

現在の世界を動かしているのは、グローバリストと、エマニュエル・トッド(35)が言うグローバル化に疲れた国民との戦いなんです。グローバリストはマスコミを押さえているため、国民の多くはそちらのほうに何となく流れていった。それが今、反対側に振り子が振れつつある。

……というのが日本以外の世界で、日本はそうなってないですよね。なぜかと言うと、実はグローバル化してないから。

移民人口比率でいうと、イギリス、アメリカ、ドイツなどは一五％前後なんだけど、日本は一・六％です。日本はまだグローバル化していない。デフレによる国民の貧困化というルサンチマンはあるが、グローバル化を叩く方向に向かわない。むしろグローバル化を推進する方向に向かっちゃっている。

異文化共生は無理である

渡邉　異文化共生は成立しない、というのは、すでに歴史が教えてくれている話だと思うのです。同じ宗教や文化、民族がそれを守るためにつくったのが国家であり、内部での衝突を防ぐための道具でもあるのです。昨今のヨーロッパでのテロの頻発は、その典型と言えるでしょう。トイレの洗剤にも書いてあるでしょう、「混ぜるな危険」と（笑）。

三橋　ドイツにしても、移民を排斥したら世界中から非難されるでしょう。とはいえ、移民のドイツへの同化は、もう散々試みてできなかったわけですよね。

解決策がない問題なんですね、移民問題というのは。

渡邉　ドイツは連邦なので、州ごとに独立して分裂してしまうんじゃないかな。特に保守的な南部二州が独立して、ベルリン辺りに移民を押し付けるんじゃないかと。

ドイツの移民（国境を越えた転居者）の推移（1950〜2013年）

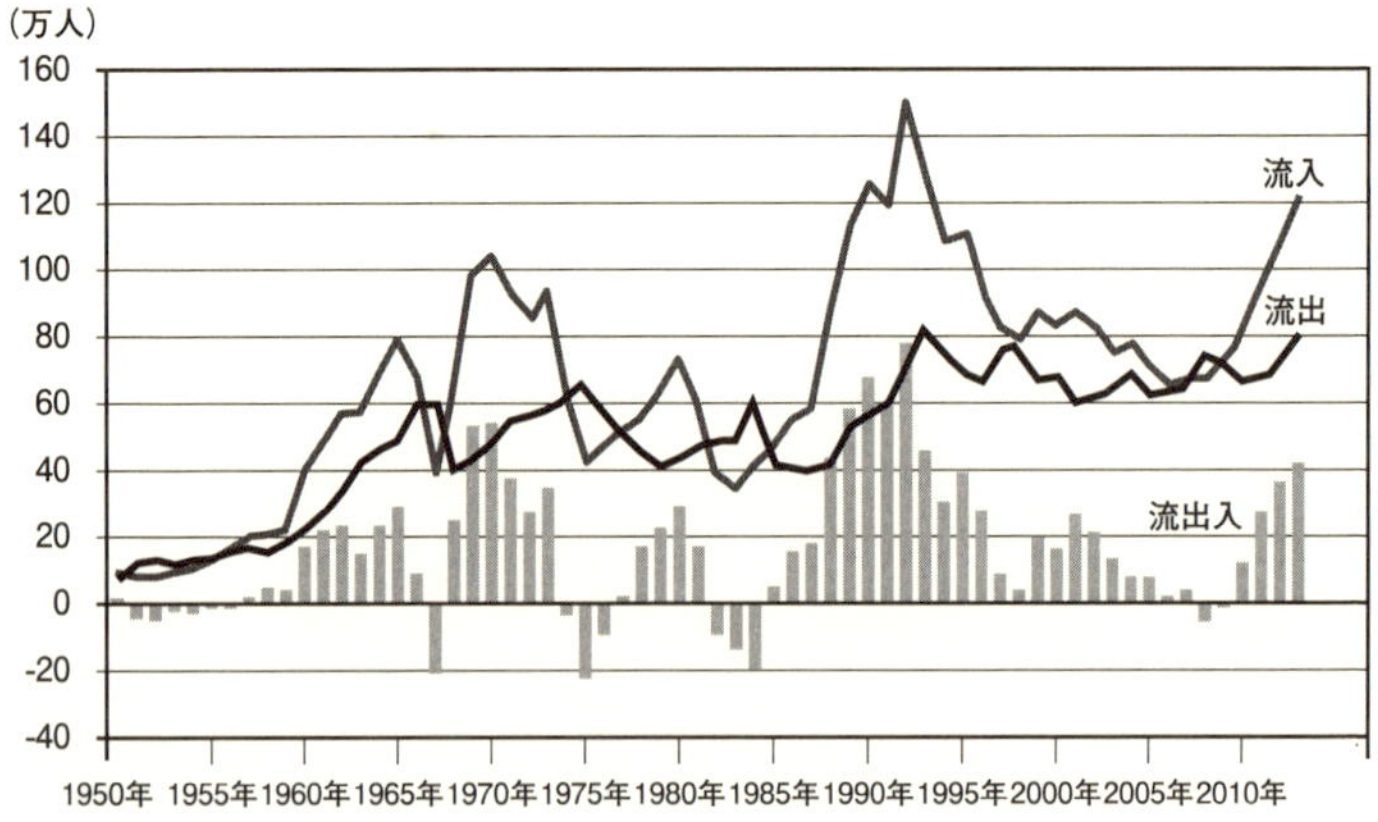

出典：ドイツ統計局「人口移動統計」より

ヨーロッパの今の問題を解決するっていうのは、一つだけ方法があるんですよ。EUの分裂を避けるとっておきの方法があるんです。

いつものごとく、ドイツに全部押し付けるんです。ドイツが独立通貨でマルクをつくれば、ユーロの減価で三分の一ぐらいになるので周りの国は潤うし、同時に銀行危機からも脱却できるし、国民の生活水準も下がらない。移民は全部ドイツに押し付ける。これしかEUを存続させる方法がないんですね。

日本はドイツのような立場になってはいけない。このままアジア全域が壊れていくと日本に当然、棄民の人たちがまだまだ流れ着いてくるので、そういう人たちを排除する側に行かなくちゃいけないんです。

三橋　排除というか制限ですね。

渡邉　いえいえ、経済難民は排除しなくちゃいけない。

三橋　経済難民はそう。経済難民は難民じゃありません（笑）。日本はおかしな状況になっており、毎年、難民申請者の数が倍々で増えていっているんです。

渡邉　繰り返し申請しているんです。

三橋　認定されなかったとしても、繰り返し申請できるんですよ。例年、本当の難民として認定されるのは、五人とか二〇人とかそのぐらいなんです。ところが、経済難民が日本に居残り、再申請することで、国内で働き続けることができるという、抜け穴があるわけです。

渡邉　もうすでに問題になっているのは、中国人の外国人住民票制度と保険制度を悪用して、家族を呼び寄せて日本の高度先端医療を受けて帰る。そういう人たちが大量に生まれているんですね。日本の保険制度を破綻させる原因になるだけですから、こんなもの全部やめなくちゃいけない。

いわゆる不法難民に関しては、さすがに法務省も叩かれて、再申請回数を制

日本への難民申請者数の推移

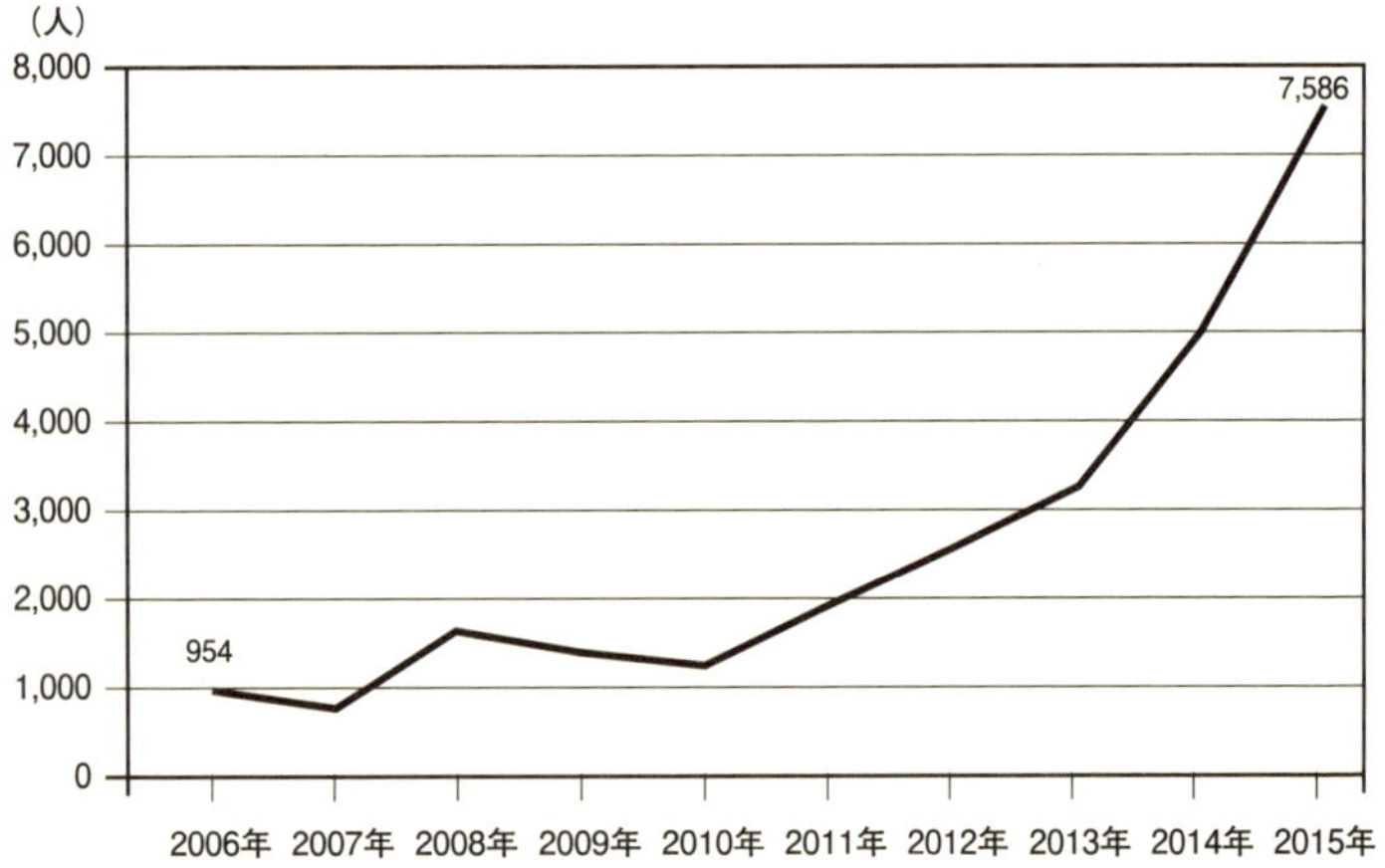

出典：法務省より

限するとか言っていますが、そんなの甘い。オーストラリアとかに学ばなくちゃいけないんですよ。

オーストラリアは、クリスマス島[36]という島に移民申請した者は全員入れる。申請が終わってキチッと認められた人しか、入国できない。

日本も島国でそういう無人島が結構ありますから、移民を審査するための島を作ればいいんですよ。何か文句を言われたら、イギリスだってオーストラリアだってやっていると言えばいい。こういう技法はいくらでもあるわけです。

三橋　それはね、外国から文句を言われるのが前提になっていません？　外国から言われたらば、確かにその通りだけれども、それ以前に日本の場合、日本国民が文句を言いますよ。いわゆる左派、人権派とかいわれている方々から。朝日新聞とか、本当に大喜びで政府の移民制限政策を叩く（笑）。

グローバル化疲れを知らない日本

三橋　でもね、今日の話は最初から最後までつながっているんですが、要は特定の人たちが自分たちの利益を最大化したいわけです。グローバリストと総称してしまいますが、グローバリストの利益最大化のために、日本でさまざまな構造改革が推進されてきたのです。グローバリズムに基づく構造改革路線が日本よりも先に始まったのが、イギリス、アメリカで、ヨーロッパ大陸が続きました。結果的に、一般の国民のグローバル化疲れが深刻化し、ブレグジット、あるいはトランプ大統領誕生につながった。

日本の場合は、いまだにグローバル疲れが起きていないため、多分このまま周回遅れのグローバリズム路線を突き進むことになる。これは、非常にまずい。なぜかというと、他の国は国境を閉じ始めました。その中で日本だけが開きます。

渡邉　ゴチャゴチャになっちゃいますからね。

三橋　そう、ゴチャゴチャになりますよ、本当に。しかも人手不足で、生産年齢人口比率の低下により、失業率は低い、と。そうなると、経営者はむしろ外国人労働者を歓迎すると思いますよ。

ということで、このままだと日本はドイツを上回るペースで移民国家化していくのではないかという危機感を持っています。特にヨーロッパやアメリカが国境を閉じ始めているので、余計に危ないですよね。

渡邉　これで日本も変わらなきゃ、本来おかしいんですがねえ。

日本では、右も左もそれを正しく理解している人が限りなく少ないというところに問題がある。いまだにメディアで現状が正しく報じられていることがあまりにも少な過ぎます。日本人はバカではないと思うので、きっと説明すれば理解できると思うんですよ。理解したくても前提知識を持ってないんです。

だから、さまざまな分野で前提知識をきちっと正しく持つこと。さっきも言ったように、移民がいい人だという前提はやめましょう。悪い人ですという前提から始めましょう。「他人を見たら泥棒と思え」でいいわけですよ。「郷に入りては郷に従え」で、従えない人は排除されて当たり前。古い諺《ことわざ》というのは全部正しい経験則なんです。

三橋　日本人はグローバル化の意味が分かっていない。だから、グローバル化を「普遍的な善」であるかのごとく考える。自分の生活が、グローバリズムによって悪化しているという印象がないため、仕方がないのでしょうね。グローバリズムを理解しないまま、グローバリズムに賛成しているんです。

渡邉　まるでグローバル化がいいものだということを日本人は信じ込んでしまった。しかし世界は脱グローバリズム、ナショナリズムへと舵を切ったのです。これも日本人が誤解していることですが、ナショナリズムを行動原則とする場合、各国の国益や利害、もしくはエゴイズムがぶつかり合うのは必然です。日本ではそれが悪いことであるとばかり強調されますが、それを解消するために必要なものが「国際化」という概念であり、「インターナショナリズム」なのです。

グローバルがワン・ルールの下で世界統一を目指すのに対して、インターナショナルは複数の国家間における関係を指しています。つまり、グローバリズム＝ワン・ワールド、ワン・ルールという一極支配の構造が崩壊し、「インターナショナル」、すなわち国家間の対立構造の中でのバランスを重視する方向に変わりつつあるのが、今の国際社会の現状なんですね。

三橋　おっしゃる通りです。わが国がアメリカやイギリスと同様に、「国民を第一」とする政策、安全保障と脱デフレを推進するための真の政府主導の政策に転じてくれたらと思います。

渡邉　結局、舶来物信仰なんでしょうね。青い目が怖いのと、舶来物はいいものだという、この二つの間違いから始まっているんだと思うんですよ。

三橋　これは多分、江戸末期からでしょうね。根深いです（笑）。

渡邉　でも、江戸末期まで行くと薩長土肥《さっちょうどひ》の時代ですから、長州の安倍首相が言っていることは正しいんですよ。

三橋　そう、安倍首相的には正しいのです。やはり、そういう話だと思うんですね。総理は、グローバリストなんですよ。

【注】

（31）外国人技能実習生のうち八割以上が中国人。実習生は人件費が日本人と比べて安いことから、労働条件の悪い人手不足の現場に投入されるケースが続発している。働きながら技術を学ぶ「技能実習制度」で来日した外国人の失踪《しっそう》が昨年五八〇〇人を超え、過去最多に上った。そのうちの過半数が中国人である。

（32）ＥＰＡ（経済連携協定）とは、幅広い経済関係の強化を目指して、貿易や投資の自由化・円滑化を進める国際協定。特定の国や地域の間で、物品の関税やサービス貿易の障壁などを削減・撤廃することを目的とするＦＴＡ（自由貿易協定）に対し、ＥＰＡでは貿易の自由化に加え、投資、人の移動、知的財産の保護や競争政策におけるルール作り、さまざまな分野での協力の要素などを含む幅広い経済関係の強化を目的とする。

二〇一六年にドナルド・トランプ新大統領の離脱によって発効できなくなったTPPも、EPAの一つである。

(33) 高度人材外国人とは、「国内の資本・労働とは補完関係にあり、代替することが出来ない良質な人材」であり、「我が国の産業にイノベーションをもたらすとともに、日本人との切磋琢磨《せっさたくま》を通じて専門的・技術的な労働市場の発展を促し、我が国労働市場の効率性を高めることが期待される人材」とされている(平成二一年五月二九日高度人材受入推進会議報告書)。つまり、国内の人材とはバッティングしない特別な能力を持ち、労働市場全体を活気づけるような良質な人材である。

高度人材としては次の三つの類型が想定されている。

高度学術研究活動「高度専門職1号(イ)」は、日本の公私の機関との契約に基づいて行う研究、研究の指導や教育をする活動。高度専門・技術活動「高度専門職1号(ロ)」は日本の公私の機関との契約に基づいて行う自然科学または人文科学分野の知識や技術を要する業務に従事する活動。高度経営・管理活動「高度専門職1号(ハ)」は日本の公私の機関において事業の経営を行ったり管理に従事する活動である。

これらの高度人材には、在留活動の許容、在留期間五年、配偶者の就労許可といった出入国管理上の優遇が与えられ、さらに高度専門職2号となると在留期間が無期限となる。

（34）旧外国人登録法は二〇一二年七月九日に廃止され、新しい在留管理制度として、中長期在留する外国人に「在留カード」が交付され、特別永住者には「特別永住者証明書」が交付される新制度が始まった。これに伴い、次のいずれかに該当する外国人住民については、住民基本台帳法の対象とされた。

・適法に中長期在留する外国人
・特別永住者
・一時庇護《ひご》のための上陸の許可もしくは仮滞在許可を受けた外国人
・外国人となった事由が出生や日本国籍喪失である人

また、外国人住民の人には住民票の写しが交付されるようになり、住所、氏名（アルファベット氏名など）、生年月日、性別、国籍・地域、在留資格情報などが記載されるようになった。

（35）エマニュエル・トッドは、フランスの歴史人口学者・家族人類学者。人口統計による定量化と家族構造に基づく斬新《ざんしん》な分析で知られる。現在、フランス国立人口学研究所に所属する。二〇〇二年の『帝国以後』は世界的なベストセラー。日本でも、『「ドイツ帝国」が世界を破滅させる　日本人への警告』（文春新書）がベストセラーになる。

(36) クリスマス島は、インド洋に位置するオーストラリア領の島。イギリス植民地時代から中国人、マレー人などの労働者を受け入れてリン鉱資源の開発が行われ、第二次世界大戦ではリン鉱を目的とした日本軍が攻略、占領したこともある。

戦後は熱帯雨林破壊が問題となってリンの採掘は中止され、雇用対策としてカジノリゾートが計画されたが失敗に終わっている。

また、一九七〇年代からアジアの難民が漂着しており、二〇〇一年に起きたタンパ号事件では、ノルウェーの貨物船が救助したアフガニスタン難民を連れてクリスマス島に入港を求めたところ、オーストラリア政府が拒否する事態となっている。この時、難民たちはニュージーランドとナウルで難民認定の審査を受け、最終的にニュージーランド、オーストラリアなどの国に定住することとなった。このように第三国に移送し、そこで難民認定の審査を行う方法は「パシフィック・ソリューション」と呼ばれ、二〇〇一年から二〇〇六年まで実施された。

その後、寛容になった難民政策のもと、庇護希望者が殺到し、密航ビジネスも蔓延するようになると、オーストラリア政府は難民受け入れ数を引き上げる代わりに収容と審査は国外で行う方式を再開している。

終章 グローバリズムの終わり

——トランプ就任演説は保護主義そのもの

グローバリズムの終わりを告げたトランプ就任演説

三橋　トランプ大統領の就任演説(37)を聴いたのですが、これが非常に分かりやすい英語で（笑）。中学生英語か、というくらい分かりやすかったんですが、プロテクトという言葉を七回使ったんです。

一番決定的だったのは“Protection will lead to great prosperity and strength.”(38)つまり、「保護主義(39)は大いなる繁栄と強さに結び付く」と。

このProtectionは、文脈的には保護主義と訳すべきです。ウォールストリートジャーナルは、保護主義と訳しており、正しいと思います。

ところが、日本のマスコミが続々とトランプ大統領の就任演説の全訳を出したのを見ると、驚きました。たとえばNHKが最初に全訳を出したんですが、どのようにこの箇所を訳したのかな？　と思って確認したら、ここの部分だけがなかった。

渡邉　その一文をカットした。

三橋　しかも、その直前にトランプ大統領は“We must protect our borders.”(38) つまりは国境を守らなくちゃいけないと言っているのですが、ＮＨＫは「国を守る」と訳しているんです。border は絶対に「国」ではなく「国境」でしょう。全訳にもかかわらず、明らかに意図的に一番重要な一文を抜かしたのがＮＨＫだったんですね。

他の新聞を見ると、やはりおもしろくて、読売新聞が「保護することが偉大な繁栄と強さに繋がる」、産経新聞は「保護することで繁栄と力が生まれる」。strength は力ではないと思うんだけれども、そう訳している。日本経済新聞が「保護こそが素晴らしい繁栄と強さに繋がる」。各紙が保護主義ではなく、保護と訳しているわけですよ。Protection だから、一応は直訳として通りますが。

朝日新聞が一番おもしろくて、「防御が大いなる繁栄と強さをもたらす」（笑）。防御って、どう考えてもディフェンスでしょう？

要は、トランプ大統領の保護主義宣言を報じたくない人たちが、大勢いたわけです。ＮＨＫは明らかに、「保護主義が大いなる繁栄と強さに導く」という一文を意図的に外した。これはどういうことだと思います？

渡邉　ＮＨＫでは生中継の最中に突然解説者が出てきて遮ったようですね。遮るというか、トランプの就任演説をそのまま聞きたいわけですよ。解説者は要らないんです。解説者が出てきて、おそらく都合が悪いのを意図的にミスリードしたいという思惑があったのでしょう。

三橋　まさにそうだとは思いますが、いかなる動機に基づいているのかが、非常に興味があるわけですよね。

渡邉　動機として一つ考えられるのは、たとえば中国とか、保護主義の影響を受けるところの人たちがそういうものを排除したがったと思われます。中国とかドイツとかＥＵなんかは、トランプの政策に対して保護主義的であるということを批判してきましたから。

三橋　私は、そういうのもあるでしょうが、より深刻な問題として、彼らが何かの間違いだ、と思ったんではないか、と考えるのです。

「アメリカ大統領が保護主義を宣言するなんて、あり得ない」と。グローバリズムを信仰している人たちは、多分善意で、「これは日本人に伝えないほうがいいな」と思ったんじゃないかな――というぐらい、今のマスコミは歪《ゆが》んでいると思う。

ここに、日本の深刻な問題の根っこがあると思います。彼らにとって、グローバリズムは無条件で善なんです。だから保護主義なんていうことをアメリカ大統領が言い出したのを受け、これは何かの間違いだろうと。勝手に解釈して、落としたのではないか。

トランプ大統領の演説は、なかなか考えられていて、保護、保護、保護と繰り返した後、最後に“We are protected by God.”と言ったんですよ。我々は結局、神様にも保護されているじゃないかと。つまり保護という言葉を神と結び付けることによって、アメリカ人に対しては「そう言えば、考えてみたらそうだな」と思わせ、保護主義を肯定する演説になっていた。

すでに、グローバリズムの是正というレジームのチェンジが始まっているのですが、そこから目を逸《そ》らしたい人たちがいて、善意でトランプ大統領の保護主義宣言を落としてしまったのではないか、と。どう思います？

渡邉　よくあるパターンだと、G20とかG7などで声明が発表された時、全訳の仮訳が出るわけですよ、各省庁のホームページに。で、新聞が出してくるものもある。比べてみると意図的に抜けている章とか文が結構あるんですね。本来全文を伝えるべきもので、抜かされている部分。私は抜かされている部分が唯一価値がある部分だと言っていますが……。意図的にやったのかどうか分からないけれど、訳者が必要のない文章だと判断した可能性もありますね。

それとも、三橋さんが言うように保護主義は絶対悪だと思い込んで、アメリカの大統領のイメージを悪くしないようにというご忠臣主義で抜いた可能性もある。どちらにしてもやっちゃいけないことなんですね（笑）。

三橋 やっちゃいけないことですよ。それでも、平気でやるんですよ。だから、本当にすごいなあと。NHKも、日本の新聞も。特に、朝日新聞はやっぱり、おかしいです。防御って何だ、防御って（笑）。

プロテクションを保護と訳すのはまだ理解できるけど、防御って訳してしまうのはすごいですよね、いろいろと。

公約を守るトランプは間違っているのか？

三橋 TPP離脱にしても、メキシコ国境の壁建設にしても、オバマケア撤廃にしても、すべて公約通りです。「選挙戦の時はそうは言っても、実際に大統領になったら、そこまで反グローバリズム的な政策はやらないだろう」という空気が、日本のメディアにはありました。おそらく、アメリカにも。

ところが、就任後のトランプ大統領は、公約をそのまま政策化した。それで日本のメディアはパニックになってしまい、「トランプの保護主義はけしからん」「入国制限はけしからん」と非難している。でも、あれは公約通りなんですよ。

公約を守らないほうが間違っているのか、それとも公約を守って反グローバリズム的な政策をやるのが間違っているのか。この問いを突きつけられて、日本のメディアが大混乱に陥った。

渡邉　日本のメディアではほとんど報じられていない大統領令もあって、そちらのほうが私は重要だと思っています。外国からのロビイングの禁止。外国からの選挙資金の禁止。アメリカの官僚たちがロビイスト(40)に転出することの禁止。

要は、もう中国、韓国がロビイングを通じてかなり民主党に入っていたわけです。これを全部排除する大統領令もサインしちゃっているんですよね。そちらのほうが実は大きい。

メディアでも中国の影響を受けているといわれているメディアがある。特にＣＮＮなどは「チャイナニュースネットワーク」と揶揄《やゆ》されているんですよね。報道というのは、常に報じられてない所が非常に重要。ファーストソースとメディアが出すニュースを比べて、何を報じていなかったかを見ると、何が重要かが見えてくる。

三橋　よく分からないのが、なぜ日本はＴＰＰを批准したんでしょう。トランプは「ＴＰＰについては離脱します。二カ国間協議に切り替えます」と言っていた。日本がＴＰＰを批准してしまうと、そこがアメリカとの二国間交渉のスタートラインになってしまう。ＴＰＰの条件が最低譲歩の線として、さらにどこまで譲れるんですかという交渉になるに決まっている。だから、日本は絶対にＴＰＰを批准してはいけなかった。一一月八日にトランプが勝った瞬間に、ＴＰＰの審議は先延ばしにすれば良かったんです。ところが、必死に批准したわけですよ、安倍政権は。

渡邉　あれは、理屈で言うと、ＴＰＰ対策費[41]という形でもう予算が組み込まれていたからでしょう。ＴＰＰに批准する法案に、二〇一七年度の予算付けがされている。業界団体が口を開けて待っているわけですよ。

ＴＰＰの法案を批准しないで、予算だけを通すということは、これ論理的破綻《はたん》が生じるわけですよ。それが主な理由だったという話は聞いてますけどね。

三橋　そういうことでしょうかね。

たとえば、日本の畜産業をいかに守るかを考えた時、補助金を付ければいいわけです。オーストラリアとは、すでにＦＴＡを結んでいる。オーストラリア産の畜産物は入ってきているわけです。

畜産業にせよ、産業を守る議論と、ＴＰＰという国際協定は、本来は別の話ですよね。個別の対策の集合体として、ＴＰＰがあってもいいですが。

要は、日本はＴＰＰありきで政策を考えていた。「グローバリズムは正しい」という、覆《くつがえ》らない理念があり、ＴＰＰを前提に予算を組んでしまった。ＴＰＰが発効しないという可能性を、誰も想像しなかった。

そのレベルなんです。ＴＰＰを巡り、日本の交渉力がどうのこうのと言っていた連中がいましたが、そんなものは、まったくないわけですよね。

渡邉　ずいぶん前のチャンネル桜で、「アメリカの政権がひっくり返ったら、ＴＰＰなんてなくなりますよ」という話をしていた記憶があるんですよ。三、四年前ですかね。

その後に、「TPPがなくなると東アジア地域包括的経済連携(42)（RCEP）が大きな力を持ち、中国が支配するアセアンができる」という訳の分からないことを言っている人たちが大量発生していますね。

確かにRCEPは中国が主導しているんです。けれども、RCEPに入ると一つの経済圏になるので、中国と同じ関税率が適用される可能性があるわけですよ。アメリカは四五％の関税を中国に対してかけると言っている。今、日本からアメリカに輸出したら二〇％で済むのにRCEPに入ると四五％になるかもしれない。アセアンの国も含めて、世界中でアメリカをマーケットとして考えている国で、入ろうという国があると思いますか？

そもそも議論として、TPPとRCEPがある。ただしRCEPに入ると中国と同じ最も高い関税率が適用される。それだったら、自国で直接アメリカとやったほうがいいじゃないか——というのが普通の理屈なんですね。

だから、この理屈をアメリカ側がずいぶん前から言っている。そして二国間による貿易交渉を中心に進めていく。それがまったく報じられていなかった。だから間違った議論で、中国が指導する、アセアンが中国に乗っ取られるみたいな話になっていた。

三橋　それはいいポイントでね、ＴＰＰがダメなら、ＲＣＥＰになるのか。ＴＰＰがダメなら、じゃあ日中韓ＦＴＡでいいのか。そんな反論をされてたんだけど、何でそもそも貿易協定を結ぶことが前提になっているの？　という話なんですよ。つまり、日本国民は非常に自虐的になっているわけですよ。安倍総理を含めてです。「外需を取らないとダメだ」という間違った前提があるからこそ、「ＴＰＰがダメなら、ＲＣＥＰか日中韓ＦＴＡだ」という発想になっちゃうわけですね。

渡邉　すべてにおいて他者依存で、他人軸で物事を考えている人が多過ぎて、「仲間にならないと」という気持ち悪い姿勢でね。

三橋　「バスに乗り遅れる」と。

渡邉　ＡＩＩＢ(43)（アジアインフラ投資銀行）なんかその典型ですよね。

三橋　そうでした、そうでした。レトリックがまったく同じ。

渡邉　だけど、その時は安倍総理というか、日本側は反旗を翻して、ＡＩＩＢにも乗らなかったし、少しは抵抗はしているんでしょう。国内の世論とメディア、有識者といわれる学者の人たちの大半がグローバル族のままなんですよ。

レジーム・チェンジなき日本の対米追従

三橋 トランプ大統領が先日、対日貿易赤字が中国の次に大きいと指摘。それを問題視している。

トランプ大統領の指摘を受け、普通ならば、日本が内需主導で経済成長します。すると日本の生産力が国内需要に向かい、アメリカ市場への輸出は減るでしょう。さらに日本の景気が良くなれば、アメリカからの輸入が増えます。結果的にアメリカの対日貿易赤字は縮小します。トランプ大統領もそれでいいでしょうし、日本側も経済成長できる。

ところが、実際に出てきた話が「アメリカへのインフラ投資(44)を日本がやりますよ」というわけの分からない話で、そんなことを本当にやったら、円安ドル高になってしまうため、アメリカの対日貿易赤字は拡大します。安倍政権は、本当に経済産業省に乗っ取られていますね（笑）。

渡邉　実は、もうすでにインフラに関しては、日本の鉄道車両メーカーがアメリカ国内にいくつか工場を持っていたり、鉄道会社がかなり入っているんですね。もともと、カリフォルニアの高速鉄道も日本がやるはずだったのが、中国が横入りして取ったけれども、結局破綻したりしているんです。そういうものを日本がきちっとやっていくという話です。

日本経済新聞が日本の年金をアメリカのインフラ投資に使うと報じ、それが国会でも問題になりましたが、そもそも論として、政府が指示し、年金を投資することなどできないし、する必

アメリカの対日・対欧・対中貿易赤字の推移

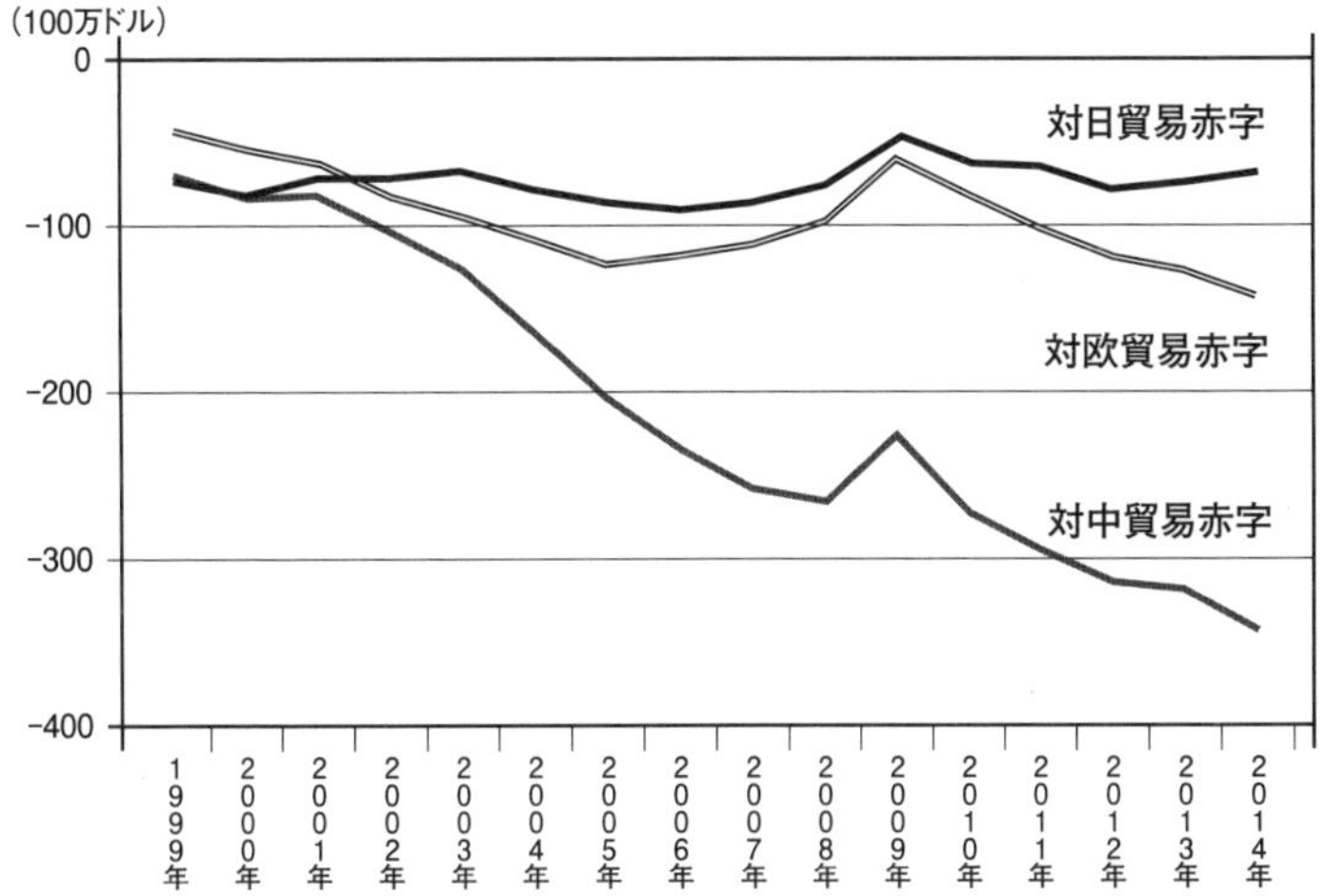

出典：アメリカ合衆国商務省経済分析局より

要もないのです。

日本にはインフラ投資のための国策銀行ＪＢＩＣ（国際協力銀行(45)）があり、そこが起債を行い、それを投資する形態をとっている。日本の年金がその債券を買う可能性はありますが、ただそれだけの話です。また、この債券は、日本政府の保証がついているので安全な債券でもあるわけです。そして、投資である以上、金利や配当利益が見込めるわけで、ただで上げるわけではない。

この辺りをすべて混同して語る新聞記者や政治家がいるのが、大きな日本の問題といえるでしょう。仕組みすら知らない、または知っていても嘘《うそ》をつく記者や政治家など害悪でしかない。

また、起債は基本的には現地通貨建て、つまり今回はドル建てですので、為替に与える影響は大きくないでしょう。

三橋　とはいえ、根本的な話として、なぜ日本がそんなことをしなくてはいけないのでしょうか。アメリカのインフラなのですから、普通にアメリカが起債し、インフラ投資をやればいいじゃないですか。なぜか日本側から、わざわざ「インフラ整備にご協力させていただきます」などと言わなければいけないのでしょう。

渡邉　だからトランプ政権が今、叩かれている理由に、財政赤字の中でインフラの拡大をやると言っていることがある。これがアメリカの中の財務問題として取り上げられているわけですね。アメリカ自身が金を使わないという話になると、トランプとしてはおいしく見えるわけです。

三橋　なぜ、日本の内需を拡大し、アメリカからの輸入を増やすという発想が出てこないんでしょうか。ここが問題だと思うんですよ。

渡邉　アメリカから買うものがあまりない。貿易摩擦に関しては、二〇一六年にオバマが日本への資源販売を解禁(46)したので、石油や天然ガスの調達先を中東からアメリカにシフトすることである程度減らしていくことができると思います。

三橋　買うものがなかったとしても、要は先方の対日貿易赤字を減らせばいいんでしょう。日本の内需を拡大すれば、日本の生産力は国内に向かうため、輸出は減りますよ、絶対。それでいいじゃないですか。ところが、日本の内需拡大という話「だけ」が絶対に出てこない。

渡邉　すべての分野において、大きな変化が起き始めていて、それに日本の政府もメディアもなかなかついていけていないのが問題ですね。

たとえば、アメリカはシェール革命[47]により石油・資源輸出国になってしまった。これにより中東からアメリカへの石油を運ぶ海の道、シーレーンの価値が一気に落ちてしまった。ですから、これまでの地政学的議論が成立しづらくなっている。また、トランプは自然エネルギー中心の政策から石油をベースとした政策へ舵《かじ》を大きく切ろうとしている。地球温暖化にも懐疑的であり、これまでのオバマ政権の環境政策を全否定している。これが今、非常に問題です。

対イスラエル政策にしても、これまでとは大きく異なる親イスラエル的な

アメリカにおける主なシェールガス・シェールオイル生産地域

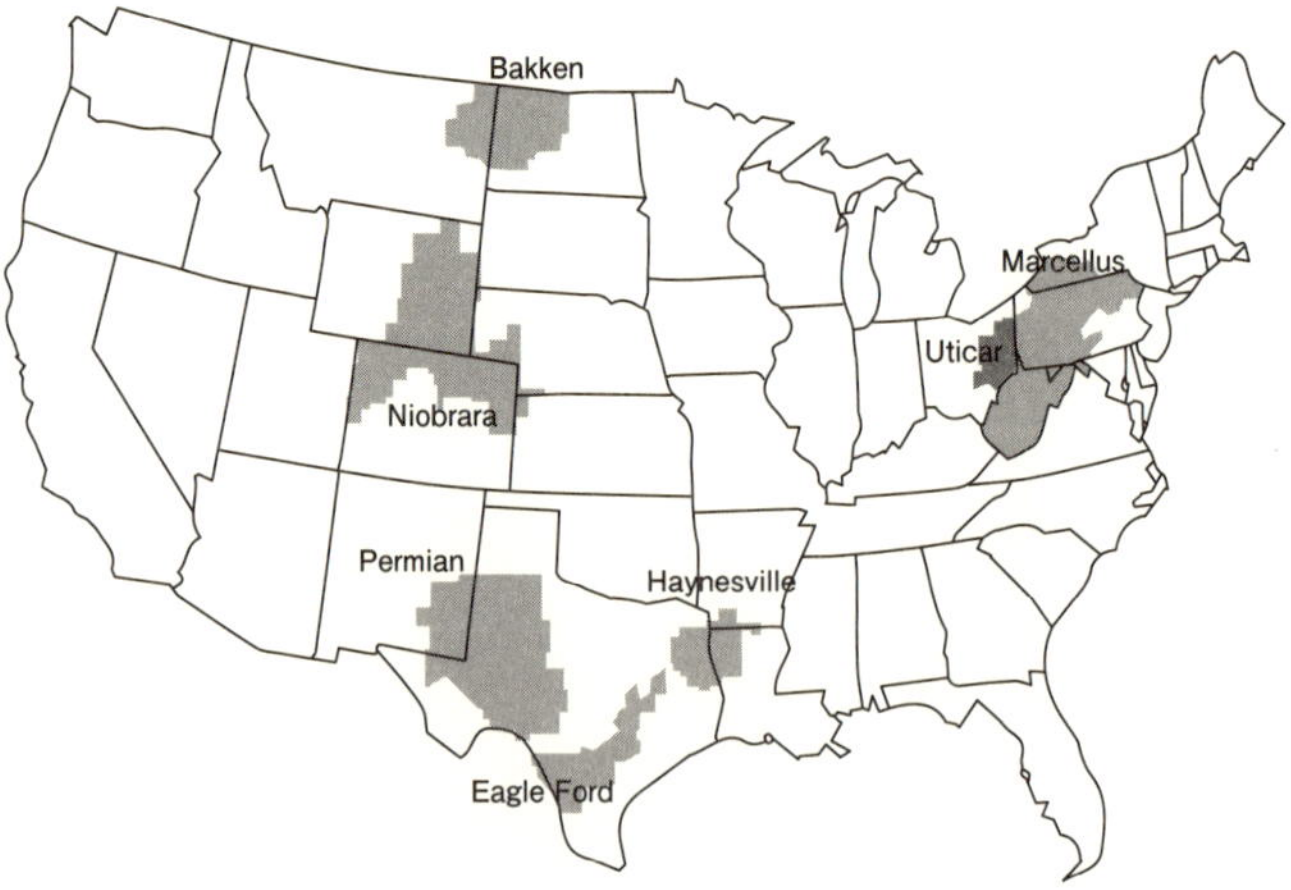

出典：米国エネルギー省情報局（EIA）「Drilling Productivity Report」2015 年より

政策をとっており、イランとの関係においても、オバマの融和政策を覆した。この根底にはトランプの娘婿、ジャレッド・クシュナーの影響が強いといわれており、彼はシオニストグループによる強い支持を受けているといわれている。様々な意味で世界のシーソーバランスが一気にひっくり返ったのです。

当然、それにつらなる日本の人脈もひっくり返っており、かつてのレーガン時代の保守系の人たちと官僚たちが再び日の目を見始めている。

偉大なる俗物、ドナルド・トランプに学ぶこと

三橋　日本では、いまだに「アメリカを選びますか？　中国を選びますか？」という感じで、保守だのリベラルだのと言っているわけですよ。佐藤健志さんが『右の売国、左の亡国』（アスペクト）というタイトルの本を出されたけれども、その通りだなと思います。

今、日本で保守と言われている人たちは不思議で、内需主導型の経済成長に反対し、すぐに外需を取らなければいけないと言い出す。要は、グローバリズムなん

ですよね。移民については、「外国移民を受け入れ、ちゃんと同化させればいい。日本はそれだけ懐の深い国だ」と、石原慎太郎さんが言うぐらいですからね。で、反対派のリベラルというのは、民進党にせよ、共産党にせよ、どうしようもない地球市民系。しかも、民進党は緊縮財政路線。

日本の政治は、グローバリズム路線の自民党と、フランスの国民戦線(48)的な——あるいはトランプ的と言ってもいいですが——そういう「日本第一主義」の政党が争うべきだと思うのですが、その兆候すらない。今は、右の売国の方々が政権を握り、まともな政策論も行われないような状況で物事が進んでいる。しかも、売国的な政策を決めているのは誰かと言えば、諮問会議の民間人なんですよ。

この状況は、過去三〇年間、四〇年間をかけてつくり上げられたため、そう簡単には変わらない。結局、間に合わなかった、という未来になる可能性が一番濃厚ではないかと思ってしまうんですよ。

渡邉　左の人たちは、非常に権力とかいろいろなものにしがみつくんですよ。右のダメなところは、ダメなら美しく散ればいいという、その理論なんですよね。失敗すれば美しく桜のように散ったらいいという。

三橋　もう一つは、日本をやたら過大評価すること。国家としての日本国を、過大評価する。もちろん、自虐的な観点は否定するということで、私も日本ダメ論を否定してきたのですが、いくら何でも過大評価し過ぎです。外国移民が増えていけば、普通に日本は「移民国家、日本」に変貌《へんぼう》しますよ。

渡邉　バランス良く見なくてはいけない。後は非常に視野狭窄《きょうさく》的に国内だけ見て云々《うんぬん》かんぬん言っていたりとか、海外を知らないグローバリストとか、外国人の思考を理解できていない国際派とか、いろいろな人がいましてね。日本の一番の間違いは世界は性悪説で動いているのに性善説で語るということですね。そこに大きな間違いがあります。島国の中だから性善説でも通用しますが、国際社会では通用しない。

三橋　グローバリズム自体、性善説ですよ。

渡邉　建て前のね。

三橋　建て前がみんなルールを守り、同じ土俵でフェアに競争しましょうという話だから、仕方がないのか。しかし、そんなまともな国ばかりではありません。実際には、中国みたいな国もあるわけなので。

渡邉　建て前のグローバリズムというのが左側に受けて、本音のグローバリズムが右に受けているというのもありますよね。

三橋　金儲《かねもう》けとしてのグローバリズムが右に受ける。だから挟まれてるんですよ、日本は。完全に両サイドからグローバリズムを押し付けられている。

渡邉　これ、どっちもダメなんです。どっちもダメだと言える人が日本じゃ数少ないんですよね。それこそ、評論家とか、テレビに出ている人でも。

三橋　トランプ大統領の誕生は、日本にとってチャンスでもあるんです。チャンスを失うぐらいならばともかく、今年、後戻りできないポイントを過ぎてしまう可能性があるわけですよ。ネガティブに捉《とら》えると。もちろん、繁栄の方向に行く可能性もありますが。

渡邉　間違った理屈を徹底的に潰していって、後ろから蹴《け》っ飛ばしても何をしてもいいから。もうえぐくやっていくしかないんじゃないかな。

三橋　あがくしかないんだけれども……半分、諦《あきら》めてやるのが一番だな。うん、うまくいくなんて思ったら、失敗した時に衝撃が激しいから。私は「いいんじゃない。うまくいくよ」と、思って言論活動を続けてきましたが、「あ、これはダメかもしれない」と思い始めました。安倍総理が消費税増税の決断をした瞬間から。

渡邉　一つ言えるのは、今、世界のトップであるトランプが偉大なる俗物だと私は感じているんです。偉大なる俗物がトップに立っているんだから、こっちも俗っぽくならなきゃダメだよね。

三橋　そこはポイントでね。トランプって、ビジネスパーソンじゃないですか。ビジネスパーソンだと、グローバリズムは正しいという発想になりがちと思うかもしれません。

けれども、イギリスの例を見ると、グローバリズムの下で覇権国イギリスを潰したのは金融産業なんですよ。金融産業は、おカネが価値観の中心にあるため、インドだろうがどこだろうが、世界中のどこにでも投資して、そこから収益を上げればいいという発想になる。結果的に、自由貿易という名の帝国主義が勃興《ぼっこう》した。

実は、イギリスの製造業は、世界から排除されたんです。結果的に、イギリスの国力が著しく衰退し、前回のグローバリズムが終わった。今回のグローバリズムでは、オバマ前大統領にせよ、それ以前の大統領にせよ、金融産業の影響力が半端ない。

というわけで、トランプ大統領はどうなのでしょうか。大統領になり、その周囲をウォール街の連中が囲んだように見えた。「ダメだ、これは」と思ったのですが、どうもそう単純ではなさそうですね。

渡邉　いや、トランプって不動産業ですからね。地べたの人なんですよ。

三橋　自分の国内の地べたなんですね。そこが重要なのです。アメリカでは、初めてでしょう。地べたの人が政権を取ったのは。トランプは多分、金融が嫌いなのではないでしょうか。

渡邉　金貸しは嫌いだけれども、金融は好きなんです。それも理解した上で不動産業をやっているのでしょうね。

トランプが昔、ビジネスが厳しくなった時に日本の銀行が金を貸していた。バブル崩壊で日本の銀行が融資を引き上げたのが、トランプのビジネスが破綻する原因(49)になって、そこで怨《うら》まれているという話も最近聞きました。

三橋　不動産業と金融の関係は、そうならざるを得ないでしょう。

渡邉　ただし、後に復活できたから、「いい勉強をさせてもらった」と言っているという話を聞いてますけどね。

三橋　そういう意味で、トランプ大統領はかなりおもしろいと思います。

渡邉　トランプは地べたを売っているので、それが基本だと思いますよ。たとえば、なぜトランプがナショナリストかというと、地べたを売っている人だから、地べたの価値を落とすようなことはしないという論拠になります。

だって、不動産業的思考で言えば、自分の持っている資産があります。ここに不法移民が近くにいたら、この土地は高くなりますか？　この土地に不法移民がいなくなって、安全でみんなが幸せに生きていけるような場所、警備員がいらない街をつくれば、この資産は価値が上がりますよね。

多分、小さい頃からずーっとその商売で飯を食ってるんだから、当然、それが身に付いて経験則になってる。それで風を読むんでしょう。だから偉大なる俗物なんです。

【注】

(37) 大統領就任演説でドナルド・トランプ新大統領は、
・強く、誇り高く、自由なアメリカ精神の復活
・過去数十年に及ぶグローバリズム的な政策がもたらした雇用や富の海外流出、アメリカの中

間層縮小などの弊害
・大統領選におけるサイレントマジョリティの覚醒《かくせい》
・大統領選後からこれまでに早くも実現したＴＰＰ脱退などのスピード感ある政策成果
・入国管理、テロとの戦いなどアメリカを守る新たな手段の提示
・オバマケア撤廃、新たな移民政策など公約の断行

などをアピールした。ＮＨＫによる削除が問題になった箇所は、以下のように、雇用や富を取り戻すという経済における保護主義の文脈で語られていることが分かる。

《貿易、税、移民、外交に関するあらゆる決定は、米国の労働者と家庭に恩恵をもたらすために下されることになる。

外国が、私たちが作るはずの製品を作り、私たちの企業を奪い、私たちの雇用を壊す破壊的な状況から逃れるため、私たちの国境を保護しなければならない。保護することが、偉大な繁栄と強さにつながる。》（読売オンライン、二〇一七年一月二一日）

(38) "Protection will lead to great prosperity and strength." の前は、以下のようになっている。

"We must protect our borders from the ravages of other countries making our products, stealing our companies, and destroying our jobs. Protection will lead to great prosperity and strength."

（39）保護主義とは、自由な貿易に反対の立場。貿易について国家が何らかの制約を課すことにより、自国の衰退産業、まだ十分に成長していない発展途上の産業を守ったり、貿易収支を改善して国益を守るべきだとする。

第二次世界大戦後、保護主義によるブロック経済や関税引き上げ競争が戦争の原因になったとして、保護主義は悪玉扱いされるようになった。

戦後の自由貿易を主導した関税及び貿易に関する一般協定（GATT）、世界貿易機関（WTO）などは、アメリカが一九三四年に制定した互恵通商協定法に歴史的起源を持つとされており、合衆国大統領＝自由貿易主義者というのがこれまでの常識だったといえる。

（40）特定の主張を持つ個人、企業、団体などに雇われ、政府の政策決定に影響を及ぼすために国会議員や政府高官などに接触、政治活動を行うことを生業《なりわい》とする人々をロビイストという。アメリカは以前からロビイスト天国として知られており、企業や各種政治団体はもちろん、中国やイスラエル、日本なども含めた外国政府に雇われてその利害を代弁するロビイストも盛んに活動していた。

このロビイストの人材供給源となっているのが、アメリカ政府の官僚である。官僚として活躍していた者がロビイストに転職し、官僚時代の人脈や知識を利用して政治活動を行う。ロビイストとして経験を積んだ者が、政権交代などのタイミングで政府に入り、官僚として政策を動かす。このように、ロビイストと官僚を行き来するキャリアはアメリカでは珍しくなく、転身を繰り返すさまは「リボルビング・ドア（回転ドア）」などと呼ばれる。

（41）トランプの勝利が決定した二〇一六年一一月の時点で、TPP対策費とされる予算は、二〇一五年度補正予算で四八七五億円、二〇一六年当初予算で一五八二億円、二〇一六年度補正予算で五四四九億円、合計で約一兆一九〇〇億円計上されていた（この時点で二〇一五年分は執行済み）。その内訳は、経産省による企業の海外進出支援、農林水産省による農業支援などである（二〇一六年一一月二三日、東京新聞）。

農林水産省は環太平洋経済連携協定（TPP）の発効のメドが立たなくても、計上済みのTPP対策予算は執行していく方針だ。野党には発効が見込めない以上は対策費の執行は停止すべきだとの声があるが「発効にかかわらず、農業の体質強化のためには必要」（農水省幹部）との立場を取っている。

その後、トランプ新大統領によるTPP脱退により同協定発効のめどが立たなくなった後も、農水省は「発効にかかわらず、農業の体質強化のためには必要」として一六年度分の予算執行を停止しない方針を取っている（日本経済新聞、二〇一六年一二月九日）。

（42）東アジア地域包括的経済連携（RCEP）とは、ASEAN一〇カ国（ブルネイ、カンボジア、インドネシア、ラオス、マレーシア、ミャンマー、フィリピン、シンガポール、タイ、ベトナム）＋六カ国（日本、中国、韓国、オーストラリア、ニュージーランド、インド）が交渉に参加する広域経済連携。

日本が提唱してきた東アジア包括的経済連携（CEPEA：ASEAN＋6）と、中国が提唱してきた東アジア自由貿易圏（EAFTA：ASEAN＋3）が併存しつつ、交渉・検討をすすめていくものとされている。

外務省「東アジア地域包括的経済連携（RCEP）（概要）」によると、RCEPが実現すると、世界人口の約半分である約三四億人、GDPでは世界の三割である約二〇兆ドル、やはり世界の約三割を占める貿易総額一〇兆ドルの広域経済圏が出現する、という。

（43）アジアインフラ投資銀行（Asian Infrastructure Investment Bank）は、中国が主導するアジア向けの国際開発金融機関として二〇一五年一二月に発足。

創設時の参加国は中国、モンゴル、ベトナム、ロシア、イギリス、フランス、ドイツなど五七カ国。さらに三〇カ国が加盟を希望しているとされている。日本とアメリカ合衆国は参加していない。

（44）二〇一七年二月二日の日本経済新聞は、《安倍晋三首相は1日の衆院予算委員会で日米首脳会談では「米産業界全体の生産性向上や競争力強化に貢献していくか、インフラ整備への協力も含め大きな枠組みで議論したい」と述べた》とした上で、《インフラ分野では、米企業などがインフラ整備の資金調達のために発行する債券をＧＰＩＦが購入することが柱だ。ＧＰＩＦは１３０兆円規模の資金運用のうち５％まで海外インフラに投資可能。現時点で数百億円にとどまっており拡大の余地が大きい。テキサス州やカリフォルニア州での高速鉄道の整備プロジェクトには国際協力銀行（ＪＢＩＣ）などを通じて長期融資する》と、年金資金の投入がなされるかのように報じている。

これに対し、ＧＰＩＦ（年金積立金管理運用独立行政法人）は、

《本日、一部報道機関より、当法人のインフラ投資を通じた経済協力に関する報道がなされていますが、そのような事実はございません》

と即座に否定している。

(45) 株式会社国際協力銀行（Japan Bank for International Cooperation）は、株式会社国際協力銀行法にもとづく特殊会社である。

一般の金融機関が行う金融を補完することを旨としつつ、

・日本にとって重要な資源の海外における開発および取得の促進

・日本の産業の国際競争力の維持および向上

・地球温暖化の防止等の地球環境の保全を目的とする海外における事業の促進

・国際金融秩序の混乱の防止またはその被害への対処

の四分野において業務を行い、日本および国際経済社会の健全な発展に貢献することを目的としている。

（46）石油危機の教訓から、アメリカは一九七五年以来、原油の輸出を原則禁止してきた。シェール革命（注（47）参照）によるシェールオイルの生産拡大を受けて、二〇一五年一二月にこの方針は転換、原油輸出が解禁。二〇一六年三月にはアメリカから日本へ最初の原油三〇バレルが輸出されている。

米国の天然ガス生産量

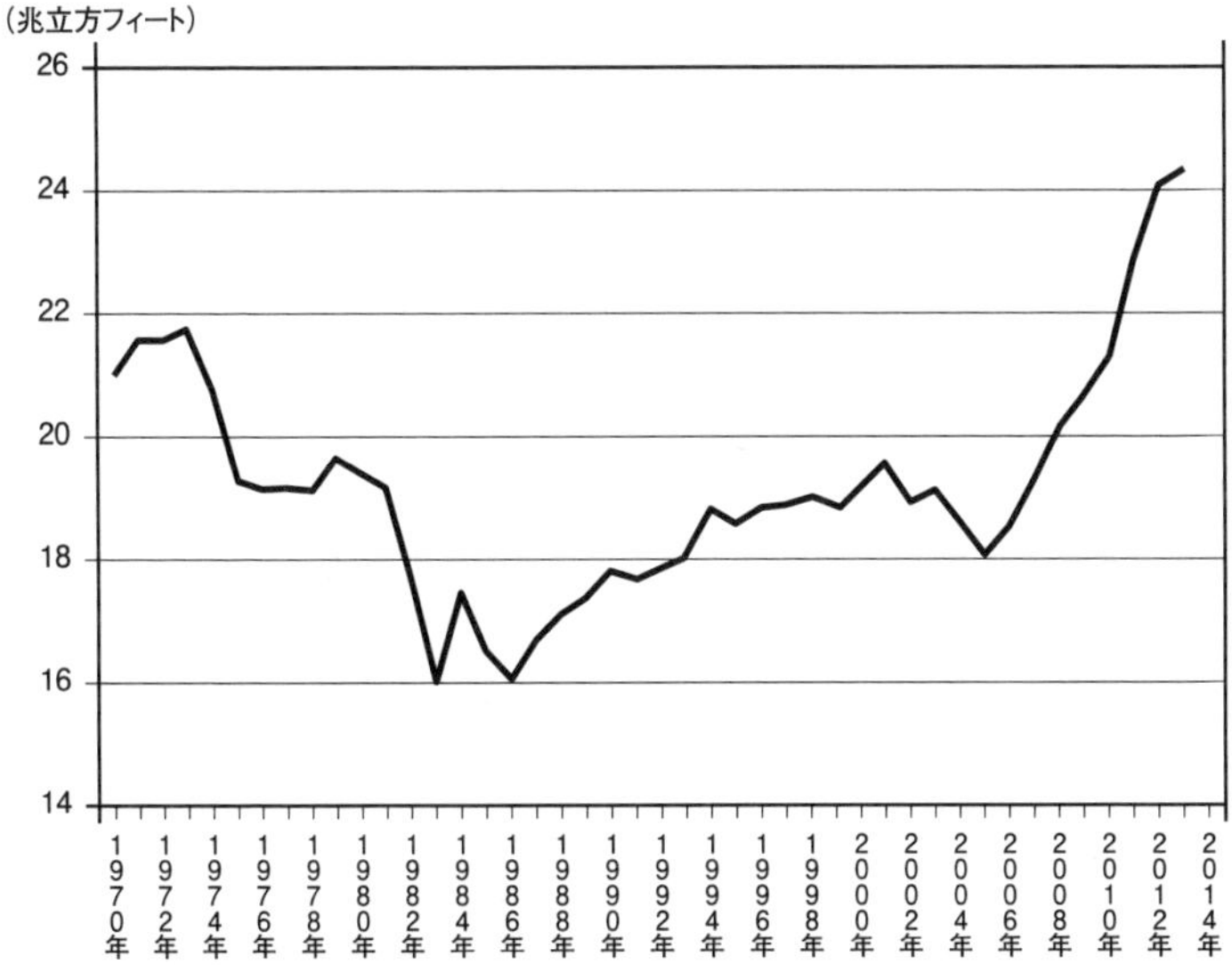

出典：EIA 統計。資源エネルギー庁サイト　http://www.enecho.meti.go.jp/about/whitepaper/2015html/1-1-1.html より引用

（47）シェール革命は、シェールガス革命ともいわれ、今まで困難だったシェール層からの石油や天然ガス（シェールガス）の抽出が可能になったことにより、世界のエネルギー事情に訪れた革命的な大変化のこと。

シェール（Shale）とは、頁岩《けつがん》＝泥が固まった岩石のうち、薄片状に剥《は》がれやすい性質を持つ岩石のことである。シェール層の岩石の隙間《すきま》には石油や天然ガスが含まれており、資源としての活用が試みられてきたが、従来は二〇〇〇メートルより深くにあるシェール層の開発はペイしないと見られていた。技術革新により、二〇〇六年以降開発が進み、アメリカの天然ガス輸入量が減少、アメリカの中東へのエネルギー依存脱却、シーレーンの価値低下といった大きなインパクトを与えたのである。

（48）「フランスの国民戦線」とは、マリーヌ・ル・ペン党首が率いるフランスの政党。

先代党首時代には、移民の制限、犯罪を行った移民二世・三世の強制送還などの政策をかかげ、「極右」「排外主義」の政党として批判された。しかし、先代党首の娘である現党首に代わってからは、合法移民の数を年間二万人から一万人に下げる、家族や配偶者の無条件なフランスの居住を禁止、ヨーロッパの国家間において国境検査なしで国境を越えることを許可するシエンゲン協定の破棄などより現実的な政策を唱えている。また、中小企業減税や福祉政策にも積極的で、左派からの支持も得ている。近いうちに政権入りする可能性が高まっており、ますます注目されている。

(49) 一九八〇年代にアメリカの不動産王として名を馳《は》せたドナルド・トランプは、日本のバブル経済の絶頂期である八〇年代の終わり頃には経営不振の航空会社買収などにより多額の負債を抱えるようになり、一時は「世界一貧乏な男」とまでいわれるに至る。当時、経営していた会社の資金繰りが悪化して事実上の銀行管理に入った際、住友銀行(当時)など邦銀が金融支援でトランプを救ったこともあるという(日本経済新聞、二〇一六年三月一九日)。ビジネスパーソンとしてのトランプと日本には古くからの縁がある。

あとがき——グローバル化の「是正」に舵《かじ》を切った世界

不思議な話だが、世界の歴史はイギリスから動く。

資本主義経済は、イギリスがインド産キャラコ（綿織物）に対抗するために、国内で莫大《ばくだい》な技術投資、設備投資を実施したことで勃興《ぼっこう》した。すなわち、産業革命が本格的な資本主義の始まりなのである。

本書でも話題になっている前回のグローバリズムは、一八一六年にイギリスが貨幣法を成立させ、ソブリン金貨を唯一の無制限法貨として認め、一ポンドとして流通させることで始まった。いわゆる、金本位制である。

一九三一年、そのイギリスが世界に先駆け、金本位制から離脱。前回のグローバリズムが終わった。

一九四五年、イギリスのアトリー(50)内閣が社会保障制度の充実に取り組み、世界初の本格的な福祉国家が実現した。現代の日本国民も恩恵を受けている「国民保険」にしても、アトリー政権が始めたものだ。

その社会福祉国家を、世界で最初に破壊し始めたのも、イギリスだ。一九七九年にサッチャー政権が成立し、新自由主義思想に基づく構造改革が始まった。サッチャーは所得税減税を進めるとともに、付加価値税（消費税）を増税。イギリス国民は「二極化」していき、現在に至るグローバリズムが始まった。

そのイギリスが、世界で最も完成されたグローバリズムの国際協定、すなわちＥＵ（51）（欧州連合）から、二〇一六年六月二三日に国民投票で離脱を決定した。またもや、イギリスなのである。

さらに、イギリスに続き、二〇一六年一一月八日には、選挙戦を通じてグローバル化を批判したドナルド・トランプがアメリカ大統領に当選した。トランプ新大統領は、就任演説において、

「保護主義が大いなる繁栄と強さに導く」

と、決定的な発言をした。世界の歴史は行き過ぎたグローバル化の「是正」の方向に、明らかに舵を切ったわけである。

ところが、わが国は世界の歴史の流れに真っ向から刃向かい、周回遅れのグローバ

リズム路線を突き進んでいる。アメリカが離脱したことで、発効の可能性がなくなったTPPをわざわざ国会で批准し、日本の食料安全保障を担う農協を「改革」という名目で解体しようと図り、発送電分離で日本のエネルギー安全保障を危機にさらし、IR推進という名目で、日本国民の所得を外資系カジノに差し出そうとしている。

さらには、公共投資を削減し、国内のインフラ整備を放置する反対側で、外国へのインフラ輸出にはやたら熱心である。消費税を増税すると同時に、社会保障支出（診療報酬、介護報酬）を削減する緊縮財政を強行。事実上の混合診療といえる「患者申し出療養制度」も始まった。

極めつけは、外国人労働者の受け入れだ。外国人技能実習制度を、よりにもよって介護分野で開放。何しろ、現行の技能実習生の大半が中国人なのである。日本国民には、中国人に介護され、最期を迎えるという素敵な未来が待ち受けている。

加えて、中国人が過半数を占める外国人高度人材について、何と居住一年で永住許可を与え、農業特区を設け、外国人「労働者」を本格的に受け入れ始めるという。日本は「知」の分野や食料安全保障までをも、中国人に依存することになるわけだ。

なぜ、安倍政権は周回遅れのグローバリズム路線を改めようとしないのか。理由は大きく、三つあると考える。

一つ目は、とにもかくにも「グローバリズムは正しい」と、思考停止的に信じていること。

二つ目は、日本国が相対的にグローバル化しておらず、アメリカや欧州の政治を動かしている「グローバル化疲れ」が顕著になっていないこと（代わりに、デフレによる貧困化で疲れているが）。

そして三つ目が、経済に関する情報が間違っていることである。

本書で語られたような議論が、国会で展開されれば、状況は一気に変わるだろう。ところが、現実には与党も野党も「抽象論」を叫ぶばかりで、グローバリズムの定義すら知らない政治家たちが、

「これからはグローバル化だ」

「グローバル化は歴史の必然だ」

などと、したり顔で語っている。まさに、亡国の道である。

政治家がダメならば、国民が変わるしかない。結局のところ、民主主義の国において、政治家とは国民のレベルを映す鏡に過ぎないのだ。

国民が変わるためには、経済に関する「正しい情報」を知る必要がある。
本書が国民に「正しい情報」を広く知らしめ、日本国の亡国を回避する一助になればと、願ってやまない。

三橋　貴明

【注】

(50) ドイツ敗北後のイギリス政権を担った労働党内閣の首相アトリーは一九四五年から五一年まで労働党の単独内閣を組織した。イギリスで二番目の労働党政権は戦争に飽きた国民が重要産業国有化と社会保障の充実という政策を実施した。ちなみに、一番目は、自由党の閣外協力をえたマクドナルド内閣（一九二四年、一九二九年から一九三五年）。

(51) 二〇一六年六月二三日イギリスの国民投票によるEU離脱に続き、二〇一七年の話題になっているのは、三月のオランダの議会選挙、五月のフランスの大統領選挙、そして八月から一〇月のドイツの連邦議会選挙である。

[著者略歴]

三橋貴明（みつはし・たかあき）
経世論研究所所長。1969年生まれ。東京都立大学（現・首都大学東京）経済学部卒業。2007年『本当はヤバイ！韓国経済』（彩図社）がベストセラーとなって以来、立て続けに話題作を生み出し続けている。データに基づいた経済理論が高い評価を得ており、デフレ脱却のための公共投資推進、反増税、反TPPのリーダー的論客として注目されている。最新作に『中国不要論』（小学館）、『2017年 アメリカ大転換で分裂する世界 立ち上がる日本』（徳間書店）、『日本人が本当は知らないお金の話』（ヒカルランド）、『あなたの常識を論破する経済学』（経済界）などがある。

渡邉哲也（わたなべ・てつや）
作家・経済評論家。1969年生まれ。日本大学法学部経営法学科卒業。貿易会社に勤務した後、独立。複数の企業運営に携わる。インターネット上での欧米経済、アジア経済などの評論が話題となり、2009年に出版した『本当にヤバイ！欧州経済』（彩図社）がベストセラーとなる。内外の経済・政治情勢のリサーチ分析に定評があり、様々な政策立案の支援から、雑誌の企画・監修まで幅広く活動を行う。主な著書に『トランプ！』『世界大地殻変動でどうなる日本経済』『余命半年の中国経済』（以上、ビジネス社）、『米中開戦 躍進する日本』（徳間書店）、『あと５年で銀行は半分以下になる』（PHP研究所）などがある。

編集協力／川端隆人
撮　　影／中谷航太郎

世界同時 非常事態宣言

2017年4月11日　　第1刷発行

著　者　三橋貴明　渡邉哲也
発行者　唐津 隆
発行所　株式会社ビジネス社
〒162-0805　東京都新宿区矢来町114番地 神楽坂高橋ビル5階
電話　03(5227)1602　FAX　03(5227)1603
URL　http://www.business-sha.co.jp

〈カバーデザイン〉大谷昌稔
〈本文組版〉株式会社メディアタブレット
〈印刷・製本〉半七写真印刷工業株式会社
〈編集担当〉本間肇　〈営業担当〉山口健志

ISBN978-4-8284-1945-9